# ILS DISENT QUE JE SUIS UNE BEURETTE...

SORAYA NINI

# ILS DISENT QUE JE SUIS UNE BEURETTE...

FIXOT

ISBN : 2-266-00296-1

*À Odile*
*À Monique*

Je suis née au Paradis, et il paraît que je suis « une beurette », ça veut dire « une enfant d'immigrés ». En tous les cas, moi, je sais que mon père et ma mère s'appellent monsieur et madame Nalib, et que je suis leur fille. Cela m'est égal de savoir s'ils sont immigrés ou pas, l'essentiel c'est qu'ils soient mes parents.

J'habite la cité HLM « Mon Paradis » et, comme tous les après-midi pendant les vacances, j'attends mes copines en bas de la tour pour jouer ensemble. Je suis assise devant mon entrée, quand je vois une femme et deux hommes venir vers moi. Il y en a un qui porte une caméra sur l'épaule et la femme a un micro à la main.

– Bonjour ! Tu habites ici ?

– Oui, bonjour ! Pourquoi, ça ne se voit pas ?

– Cela devrait se voir ? me demande la dame.

– Ben oui, moi quand je vous ai vus arriver, j'ai tout de suite remarqué que vous n'habitiez pas au Paradis. Ceux qui habitent dehors, ils le voient tout de suite, eux aussi, qu'on vient de la cité.

– Et c'est quoi « dehors » pour toi ?

– C'est les autres... Je ne sais pas, moi, comment vous dire. Pourtant, c'est pas écrit sur notre front qu'on habite la cité, mais, de toute façon, c'est pas pareil... Et vous, pourquoi vous êtes là, avec tous vos appareils ?

– Nous sommes venus faire un reportage pour la télévision... Nous allons filmer la cité pour montrer ce que vous faites, comment vous vivez. Mais nous avons besoin d'un guide, tu veux bien nous conduire ?

– Oui, je veux bien.

– Bon, d'accord... Dis-moi, comment tu t'appelles ?

– Samia... Samia Nalib !

– Et il y a longtemps que tu habites ici, Samia ?

– Ouais, depuis que je suis née.

– Cela fait longtemps alors !

– Au moins douze ans : mes parents et mes grands frères et sœurs, ils y étaient déjà.

– Et combien de frères et sœurs tu as ?

– J'ai trois frères, deux qui sont grands et un petit qui n'a que dix ans. J'ai une grande sœur aussi et encore trois sœurs qui ont presque le même âge que moi !

– Qu'est-ce que tu veux dire par même âge ?

– Eh ben, onze, douze, treize et quatorze ans. C'est pour ça que c'est presque pareil.

– Mmm ! D'accord, j'ai compris !... Moi, je m'appelle Sylvie. Si tu veux on peut commencer.

– Oui, mais attendez ! D'abord je vais chercher mes sœurs et mes copines. Vous restez là, hein ? Je reviens tout de suite !

J'ai couru vite, tellement vite que je croyais que j'avais le feu dans les poumons. J'ai ramené mes sœurs et mes copines. On revient toutes en courant.

– Voilà, on est là, alors là c'est mes sœurs : Naïma, Samira, Kathia. Et mes copines : Maria, Fabienne, Josiane, Fathia. Les autres je ne les ai pas trouvées.

– Mais c'est très bien, ne t'inquiète pas, Samia !

Je suis fière qu'elle dise mon nom devant les autres, ça fait celle qui connaît les gens de la télé. Alors, moi aussi je réponds :

– Sylvie vient pour faire un reportage sur nous !

– Pas sur vous, me dit Sylvie, sur la cité « Mon Paradis » !

– Eh ben c'est ça, le Paradis, c'est nous !

On commence à faire le tour de la cité, on n'arrête pas de se pousser et de se donner des coups de coude pour être à côté de Sylvie. On n'arrête pas de rire, on ne sait pas pourquoi, et on est bien. Y en a un qui filme. Celui-là, on fait que passer devant sa caméra pour être sûres qu'on nous voit à la télé. Au fur et à mesure qu'on marche, les autres enfants de la cité arrivent. Il y a tellement de monde, surtout devant le monsieur de la caméra, qu'on n'arrive plus à marcher. Enfin, de toute façon, pour ce qu'il y a à voir, on aurait pu rester au même endroit en faisant croire qu'on bougeait. Tous les immeubles se ressemblent, ici. Heureusement qu'il y a des numéros pour faire la différence et reconnaître les entrées. Quoique les numéros, c'est pour ceux qui n'habitent pas là, ou pour le facteur par exemple, parce que nous, avec ou sans numéro, notre entrée, on la reconnaît toujours.

Après, on arrive au jardin du Paradis. Alors

Sylvie me regarde avec ses grands yeux et me dit :

– Ou il est le jardin ? Il n'y a ni arbres, ni fleurs, ni pelouses, ici ?

– Non, y en a plus, mais avant, il paraît qu'il y en avait. Moi, je ne sais pas, j'en ai jamais vu...

À ce moment-là, le gardien du Paradis écarte la foule de gamins et dit :

– Allez ! Allez ! Poussez-vous !

Et il fait un grand sourire à Sylvie. La pauvre, elle n'est pas habituée. Le gardien, monsieur Manzani, n'a plus que quatre dents juste au coin de la bouche et dès qu'il l'ouvre, c'est pour zozoter. Celui qui est en face est arrosé pour la journée. En plus, il a toujours un mouchoir à la main pour retenir sa salive qui, sinon, se barre de tous les côtés. Nous, on l'appelle « Panzani », et on lui dit toujours :

– Monsieur Panzani ! Mettez le couvercle ! Les pâtes, elle débordent !

Et on rit de plus belle.

– Taisez-vous, les enfants : Z'ezplique à madame Zylvie pourquoiz y a pas d'arbrez et de fleurs ! Voilà, madame Zylvie ! Avant izi, y avait des fleurs, de l'herbe dez arbres mais yz arrêtaient pas de mourir. Alors ze suiz allé aux HLM et là, le directeur, y m'a dit : « Zé vous y a rien qui pouze. La mairie, elle veut pluz envoyer les zardiniers ! » Moi z'ai dit : « Z'est pas normal, monsieur le directeur ! Et lez enfants y z'ont pas de jardin ? » Il m'a dit : « Monsieur Manzani ze vous promets, ze vais en parler à la mairie ! » Ça fait bientôt dix ans qu'ils dizcutent maintenant ! Ils ze moquent de nouz et dez enfants !

Panzani, il commence vraiment à s'énerver, et je vois Sylvie qui sait pas comment faire pour l'arrêter. Nous aussi, on commence à en avoir marre de se faire arroser. On l'aime bien, Panzani, mais il faut l'arrêter parce que lui, y sait pas le faire tout seul. Alors on se met tous à crier autour de lui :

– Monsieur Panzani! Monsieur Panzani! Monsieur Panzani!

Lui, dans son costume bleu de Chine qu'il porte toute l'année, se tient droit comme un piquet, les doigts sur le revers de la veste, avec son sourire édenté qui ferait fuir Dracula lui-même.

On continue la visite. Sylvie veut maintenant filmer les grands qui sont toujours assis devant les immeubles. On l'accompagne. Sylvie leur explique qu'elle est de la télé et leur demande :

– Qu'est-ce que vous faites toute la journée devant les immeubles?

Ils n'arrêtent pas de rire. C'est la première fois que je les vois faire les timides. C'est Farouk qui commence :

– Allez vas-y, Momo! Explique! Toi tu sais!

– Quoi! Qu'est-ce que je sais, moi? Vas-y toi!

Alors Sylvie leur dit :

– Allez les jeunes! Racontez-moi ce que vous faites de vos journées.

Momo reprend la parole :

– Eh ben! On discute, on parle de tout... Des fois on se met dans le coin, là.

Il montre du doigt le renfoncement de l'entrée de l'immeuble.

– Surtout quand il pleut on est là, ça nous protège, et on écoute de la musique. Des fois on danse aussi. On est tranquilles dans ce coin, personne vient nous emmerder! Voilà, c'est tout!

Sylvie leur demande encore :

– Toute la journée vous restez là, comme ça, à écouter de la musique et à parler?

– Oui, répond Momo, qu'est-ce que vous voulez faire ? Avant on avait un local juste en dessous, là, près des caves. En fait, c'est deux grandes caves qui étaient à personne, on a cassé les murs, c'était super beau. Il était canon, notre local ! Mais y en a qui sont allés raconter qu'on se droguait, qu'on amenait des filles. Elles sont venues toutes seuls, les meufs, on n'a pas eu besoin d'aller les chercher ! Ils ont raconté qu'on faisait des conneries et c'est à la police qu'ils sont allés se plaindre, ces faux culs. Les flics ont vite appelé les HLM, leur demandant de tout fermer. Le lendemain, ils ont tout muré. Pourtant on commençait à être bien, on n'emmerdait personne. Ils nous ont même pas laissé le temps de penser à faire des conneries, que déjà ils flippaient. Vous voyez pas qu'il n'y a que des fous ici ! Pas vrai, Farouk ?

– En plus c'est con, parce qu'avant, au moins, on était tranquilles dans notre coin. Ceux qui ont appelé les flics, ils y perdent, parce que maintenant, ils recommencent à gueuler par les fenêtres : soi-disant, on fait trop de bruit devant l'immeuble. Ils nous envoient même des seaux remplis de flotte ! C'est des enfoirés, ces mecs !

– Et le travail, leur demande Sylvie, vous ne travaillez pas ?

C'est Roméo, le frère de Maria, qui répond :

– Quel travail ? Y en a jamais du travail pour nous. À l'ANPE, ils arrêtent pas de nous faire faire des stages. Je les connais tous par cœur, moi, les stages, j'en ai fait dix au moins. Ils te racontent toujours les mêmes conneries. Il faut aller chercher son entreprise mais là, dès qu'ils voient nos gueules, ils disent qu'ils n'ont pas le temps de s'occuper de nous. Une semaine après, vous passez et vous voyez qu'ils ont pris un stagiaire qui a une bonne gueule. De toute façon, ces stages, c'est du pipeau, parce que du travail y en a pas. C'est pour faire croire que vous êtes plus au chômage, mais c'est pareil. Alors après, à l'ANPE, ils vous disent que l'entreprise Machin des travaux en bâtiment recherche des gens. Pourquoi j'irais faire le manœuvre, moi ? J'ai pas envie et mes copains non plus ! Hein Momo, toi non plus tu veux pas faire le manœuvre ?

– Non, non ! J'ai déjà donné, et mon père, il donne toujours, alors ça va, hein !

– Oui, mais qu'est-ce que vous allez faire ? leur demande Sylvie.

– Pouf ! On sait pas, on verra bien. Pour l'instant, on attend !

– Mais vous attendez quoi ?

– On attend, c'est tout ! Peut-être qu'on va trouver un bon boulot ? On verra bien, voilà, c'est tout !

Sylvie n'insiste pas davantage, elle les remercie et leur dit au revoir. Les garçons, eux, continuent de rigoler.

Nous, les filles, on accompagne toujours Sylvie dans sa tournée. Maintenant, elle veut filmer le supermarché et la voie ferrée avec nous devant.

On s'est bien amusées, ce jour-là. À la fin de la journée, quand on s'est quittées, j'ai donné mon numéro de téléphone à Sylvie pour qu'elle m'appelle et me dise quand on allait passer à la télé. On leur a tous dit au revoir et je me suis dépêchée de monter à la maison avec mes sœurs. Ce soir, c'est mon tour de mettre la table.

Depuis cette histoire de télé, je suis tout excitée. Tous les jours, je regarde le journal pour voir quand on va passer à la télévision. Mais il n'y a toujours rien, ça fait maintenant quinze jours que Sylvie est venue au Paradis. En plus, elle m'a même pas appelée, je comprends pas pourquoi.

Peut-être que son reportage ne lui a pas plu ? Pourtant c'était bien, ce jour-là. On s'est bien amusés, on a rigolé et on les a bien guidés. Même Panzani, il a assuré. C'est vrai, il dit souvent des conneries, mais cette fois, il a bien parlé pour les jardins. Au moins, lui, il parle de nous et il nous défend toujours. C'est pas comme ceux qui gueulent parce que, soi-disant, on traîne en bas. En vérité, ils ont peur pour leur voiture, ils la nettoient plus qu'ils la conduisent leur bagnole.

Remarque, maintenant que j'y pense, peut-être qu'à la télé, ils veulent pas montrer où on habite. Je les comprends un peu, c'est tellement moche. Nous les premiers, je suis sûre qu'on n'aurait pas regardé, c'est pas la peine, on connaît déjà. Nous, à la maison, on regarde que les films avec des histoires de riches qui peuvent pas se voir entre eux. Enfin, c'est surtout ma grande sœur Amel, qui est caissière au supermarché de la cité, et ma mère, qui regardent ces films. Nous, mes autres sœurs et moi, on n'aime pas tellement ces histoires. Ils ont plein d'argent dans ces films, et ils arrêtent pas de se faire des vacheries et de pleurer après. Moi, ça va cinq minutes, mais j'en ai vite marre. De toute façon, elles peuvent jamais voir le film en entier. Mon père, il aime pas qu'on regarde la télé quand ils s'embrassent, et il éteint toujours quand c'est le meilleur et que nous, on commence à rigoler. Alors ma sœur Amel, elle va chez la voisine pour voir la fin du film et le raconter, après, à ma mère.

Tout ça pour dire que d'un côté, c'est pas plus mal qu'on passe pas à la télé. L'année dernière, il y a des gens, ceux qui habitent au douzième étage, eh bien, comme ils ont acheté un nouveau frigidaire, ils ont jeté le vieux. Et ils se sont pas emmerdés, eux, ils l'ont mis en bas, dans la cour, en plein milieu de la cité! Et depuis, y en a plein qui ont fait pareil. On se croirait à « Troc Ménager », à part que là, il reste que des carcasses. Panzani a bien essayé de dire que c'était défendu, mais au Paradis, tout le monde se moque de lui. Il a dit que la police allait venir pour mettre des amendes, mais bon, il parle pour rien dire, Panzani, parce que personne ne sait qui a jeté ces cuisinières et le reste dans la cour. Enfin, soi-disant, personne ne le sait!

Au Paradis, on n'aime pas ceux qui caftent et encore moins aux flics. Alors Panzani, maintenant, il arrête pas de dire que c'est bien fait pour nous si là où on habite, c'est pourri. Parce que tout le monde s'en fout! Il ne dit plus rien et en plus il fait la gueule. Moi, j'aime pas quand Panzani fait la gueule, il sourit plus. Bon d'accord, il est laid quand il ouvre la bouche, mais au moins il nous fait rire! En plus sa femme raconte à toute la cité que ça fait plusieurs jours qu'ils reçoivent des lettres anonymes qui disent :

MANZANI! Si tu parles encore des amendes et des flics, on te coincera quand tu sortiras tes poubelles et on te les fera bouffer!

Fais gaffe à toi!

MANZANI! LE CAVE DU PARADIS!

Depuis, Panzani ne veut plus sortir les poubelles et elles s'accumulent. Les gens de la cité ont appelé les HLM pour se plaindre; alors Panzani sort ses poubelles mais avec sa femme qui surveille pendant qu'il fait le boulot.

Moi, je sais qui a fait le coup de la lettre anonyme, ou du moins je m'en doute : c'est mon frère Foued, celui qui a dix ans. Je ne sais pas ce qu'il a en ce moment, mais il arrête pas de faire des conneries. La dernière fois, c'est la police qui l'a ramené à la maison. Ma mère n'arrêtait pas de crier et de marcher dans tous les sens. Elle se demandait ce qu'elle ferait de ce garçon – d'ailleurs, elle se le demande toujours...

Donc, voilà l'histoire : Foued est monté avec ses copains sur le toit de la plus haute tour de la cité, et là, ils ont chié chacun dans un sac plastique, mis un gros pétard dedans et l'ont balancé du haut de la tour. Les sachets ont explosé avant d'arriver en bas, et les gens qui étaient en dessous s'en sont pris plein la gueule. En plus, ces sadiques ont attendu le moment où il y avait pas mal de gens pour envoyer leurs paquets, et tous en même temps! Je suis sûre qu'ils devaient les préparer à l'avance. Pendant au moins quinze jours il a plu de la merde sur la cité. C'est Panzani qui a démasqué ceux qui faisaient la météo du Paradis et il a appelé les flics. Alors, pour se venger de la raclée qu'il s'est prise par mon père, Foued a dû envoyer les lettres anonymes.

Mon frère Foued, c'est le chef de sa bande de copains, mais à la maison il ne la ramène pas, surtout avec mes deux grands frères. Des fois, il fait le mariolle avec nous, il veut nous commander, ma sœur Kathia et moi, mais nous, on se laisse pas faire. On lui dit toujours :

– Tu fais moins l'intéressant quand il y a Yacine ou Malik!

Il n'aime pas qu'on lui dise ça, parce que ça veut dire que lui, c'est pas un grand comme les autres.

Foued est encore à l'école, mais je pense pas qu'il va y faire long feu. Je crois qu'il n'aime pas ça. Mon frère, il a toujours fait ce qu'il a voulu et le jour où il décidera de ne plus aller à l'école, il n'ira plus et je suis sûre que mon père ne dira rien. Le seul à ne pas être d'accord, ce serait mon frère Malik, le sportif de la famille. Celui-là, il n'arrête pas de s'entraîner, surtout de nager; il est presque tous les jours à la piscine.

Je l'aime bien, mon frère Malik. Il est tranquille, lui, c'est pas comme le plus grand Yacine. C'est un grand nerveux, dit ma mère. Des fois il me fait peur. On ne sait jamais comment il va réagir.

Yacine c'est le plus grand de la famille, il a vingt ans. Puis il y a ma grande sœur, Amel, qui a dix-huit ans, Malik seize ans, Naïma quatorze, Samira treize, moi, Samia, douze ans. Avec ma sœur on s'appelle presque pareil. Mes parents ne devaient plus avoir d'idées quand je suis née, alors je dis toujours : « Ma sœur et moi, on a un an et un R de différence. » Je répète ce que mon institutrice m'a dit un jour; j'ai trouvé ça pas mal et maintenant je le place dès que je peux. Puis il y a ma sœur Kathia qui a onze ans, et la flèche de la famille, Foued.

Un jour, à l'école primaire, mon institutrice m'a demandé le métier de mes parents et des grands de la famille. Je lui ai dit :

– Ma mère, elle travaille pas.

L'institutrice me dit :

– Je comprends, avec tout ce qu'elle a à faire à la maison! Et ton père?

– Mon père? Il est invalide!

– Invalide? me dit l'institutrice, mais alors il est paralysé, il ne marche pas, il est sur un fauteuil roulant?

Je la regarde, les yeux ronds, et je me dis: « Mais qu'est-ce qu'elle me raconte? Mon père il est bien, je l'ai toujours vu marcher. »

Je lui réponds:

– Ben non, mon père il est pas paralaysé, il est invalide, c'est tout. C'est pas pareil.

– Mais tu sais ce que veut dire « invalide »? Ce n'est pas un métier!

– Non, je sais pas ce que ça veut dire, mais ma sœur Amel nous a toujours dit qu'il fallait répondre ça. Alors moi, je le fais!

De toute façon, je me doute bien que c'est pas un travail, ou sinon il rentrerait pas si tard des fois, et le matin, quand on part à l'école, il serait pas au lit. Qu'est-ce qu'elle me branche celle-là avec ses questions? En plus, elle n'arrête pas de commenter ce que je dis, ça m'énerve, elle me fait honte devant les autres. Et elle continue toujours avec ses questions-réponses.

– Et tes frères, qu'est-ce qu'ils font?

– Mes deux grands frères, ils travaillent pas mais, j'ajoute fièrement, mon frère Malik, c'est un sportif.

– Ah, oui! Je parie qu'il est boxeur. Il en faut toujours un dans les familles nombreuses.

Pourquoi elle me dit ça? Je comprends pas.

– Non, il est pas boxeur, il fait de la natation! (Et toc! Là, elle ne dit plus rien, je l'ai coincée.) Et ma sœur Amel, elle est caissière au supermarché de la cité.

– Eh bien, il y en a une au moins qui travaille, c'est pas mal sur le lot!

Je lui réponds plus parce qu'elle m'énerve de plus en plus, mais bon, c'est pas trop grave, j'ai l'habitude de ce genre de questions. Tous les ans, j'y ai droit. Je sais pas, moi, elles n'ont qu'à se passer le mot entre institutrices, ça éviterait tous ces commentaires. J'ai toujours détesté les rentrées d'école à cause de ces questions et des réponses que l'on répète tous les ans. Mais c'est vrai aussi que pour l'école, je ressemble plus à mon frère Foued qu'à mes sœurs. Je n'aime pas tellement ça non plus. Remarque, je ne dérange personne. Ma mère raconte toujours que les institutrices lui disent :

– Samia ? Oui, elle est sage, on ne l'entend jamais, elle dort. Est-ce qu'elle se couche tard le soir ? Parce qu'ici, c'est presque toute la journée qu'elle dort !

Amel, qui est là pour faire la traductrice, répond :

– Oui, à la maison aussi elle dort beaucoup. C'est la seule qui se couche tôt, entre huit heures trente et neuf heures !

C'est vrai que j'aime dormir ; c'est pas ma faute si j'ai toujours sommeil. Et c'est pour ça qu'à l'école j'ai toujours eu le prix de sagesse. Les autres ramènent le prix de mathématiques ou de français. Moi, j'ai rien à dire à l'école, je m'ennuie, alors j'attends que la journée passe. J'aime bien qu'on croie que je suis très sage. Je sais que comme ça, on ne me demandera rien. Je ne suis jamais là et en plus, j'ai une récompense. Comme ça, je suis bien avec tout le monde : les cancres, parce que j'ai les mêmes derniers numéros, et les têtes de la classe, parce que moi aussi, j'ai un prix. J'ai la PAIX !

De toute façon, j'aurais jamais pu être dans les premières. J'écoute pas. Je le fais pas exprès, mais j'arrive pas à écouter pendant longtemps. Alors, je pars ailleurs, je sais même pas où, mais j'y vais et j'y suis tranquille.

Ma mère, à partir du CM1, a eu la bonne idée de m'envoyer en cure de santé : trois mois à la montagne pour grossir; il paraît que je fais du rachitisme, ça veut dire que je suis trop maigre et trop petite pour mon âge. Pendant deux ans, j'ai raté la rentrée scolaire et j'ai horreur de ça. Tout le monde vous regarde quand vous arrivez après, comme si vous n'étiez pas normal. Alors moi, je me fais encore plus petite pour qu'on me voie pas; ça marche et l'instit me file le prix de sagesse.

Ça, c'était quand j'étais au CM1, parce qu'au CM2, je suis tombée dans la classe de la directrice de l'école, la plus sévère, la plus méchante. C'est la rentrée où j'ai eu le plus peur d'arriver encore un mois après les autres. Mais bon! Mis à part les orties du petit jardin de l'école qu'elle nous a fait arracher pendant toute l'année pour remplacer la gymnastique, elle aussi me foutait la paix. Mais pas de prix de sagesse, cette fois. Je m'en foutais, tant qu'elle me laissait tranquille. Parce qu'elle, ce n'était pas pareil. Elle distribuait sec. Les gifles tombaient toutes seules, on aurait dit qu'elle aimait ça! C'était une folle! Ma sœur Naïma me disait que c'était parce qu'elle n'avait pas de mari. Comme je ne voyais pas le rapport, elle m'a expliqué que, quand une vieille fille s'appelle « mademoiselle », c'est qu'elle n'a pas eu ce qu'il fallait pour devenir une « madame ». Bref! Des fois je me disais : « Mais c'est quand qu'elle va trouver un mari ? » Comme ça c'est lui qui arrachera les orties de son jardin. Parce que la vache, ça fait mal! Après, on a les mains qui grattent et qui brûlent.

J'avais même peur de la regarder, cette directrice. J'avais peur de me prendre une gifle, alors j'étais très sage. Pourtant, une fois, j'ai failli me la prendre dans la figure, sa gifle. C'était vers la fin de l'année et j'ai lu sur mon livret de classement que je passais en sixième, mais la sixième des nuls. La classe spécialisée des cancres. Alors, je suis allée la voir, juste avant la récréation, et je lui ai dit :

– Madame! Je peux passer l'examen de rattrapage pour aller dans une autre sixième?

Elle m'a répondu :

– Quel examen de rattrapage?

– Celui que ma sœur Samira a passé l'année dernière, et maintenant elle est dans une sixième normale.

– Et pourquoi ce n'est pas ta mère qui vient me demander ça?

– Ma mère, elle sait pas ce que c'est, et puis de toute façon, elle comprend pas le français.

Là, j'ai vu la directrice se transformer en ortie géante et j'ai eu la trouille d'en recevoir une gratuite. Mais elle m'a pas giflée et elle m'a dit :

– Mais ma pauvre petite, c'est trop tard pour toi. Tu ne peux même pas le passer, cet examen, tu n'y arriveras pas!

Et elle s'est mise à rire, cette folle. Je me suis dit que j'aurais préféré me prendre la torgnole, plutôt qu'elle se moque de moi. Je l'ai détestée. C'est normal qu'elle ait pas de mari, celle-là, ou sinon il faut qu'elle le prenne comme elle, aussi taré. Pour la première fois j'ai détesté tout le monde. Je ne serai plus jamais sage.

Mais j'ai été maligne. À part mes trois sœurs,

les autres de la famille n'ont rien su, j'ai rien dit. Ma mère, elle sait pas lire, mon père il sait, mais j'attendais toujours le matin pour lui faire signer mon livret de classement. Je le réveillais juste avant de partir à l'école, et de son lit il aurait signé n'importe quoi pour qu'on lui foute la paix! Et voilà le travail! Ce qui fait que je suis toujours tranquille et personne ne peut se moquer de moi.

Mais pour dire la vérité, pendant toutes les vacances, j'ai pas cru que j'irais pas dans le même collège que mes sœurs. Je ne voulais pas y croire, j'y arrivais pas. Pour une fois que je faisais une rentrée sans retard, sans cure de santé pour grossir, je ratais quand même ma sixième!

Le premier jour de cette rentrée, j'ai demandé à la prof :

– Quand est-ce qu'on voit les autres professeurs ?

Elle m'a regardée et elle a ri, cette tordue! Je me suis sentie mal à l'aise, surtout que les autres ânes ont ri aussi. Elle m'a répondu :

– Mais tu te crois où ? Ici, tu n'es pas au collège, tu n'auras pas d'autres professeurs. Il n'y a que moi!

Celle-là aussi je l'ai détestée. J'aimais pas cet endroit, ni cette classe et encore moins les autres élèves. Voilà, c'est dans cette classe que je suis cette année, elle est triste et elle pue le mazout. Même avec du chauffage, on se gèle.

Mes sœurs Naïma et Samira sont au collège avec de vrais bâtiments et des salles de cours, comme elles disent, et elles ont plein de profs dans la journée. C'est pas comme nous, on ne se tape que la vieille chèvre.

Au collège des « normaux », on y va une fois par semaine pour faire la gymnastique. Ils ont un grand gymnase, eux, et je vous dis pas le cours de gym qu'on a avec l'autre! Enfin, moi, de toute façon, j'aime pas quand on va là-bas, ils nous regardent tous de la tête aux pieds comme si on était des débiles. Dans ces cas-là, j'essaie toujours de voir si mes sœurs ne sont pas dans les parages pour me sentir moins seule, mais je ne les vois jamais.

Mes sœurs, dans leur classe, elles apprennent des choses plus intéressantes que nous. D'abord elles ont de l'anglais et aussi de l'histoire sur les Grecs, les Romains. Elles apprennent des pièces, je le sais parce qu'à force de leur faire réciter l'hitoire de l'autre avare, de celui qui s'appelle Molière, je la connais presque par cœur! D'ailleurs, l'autre jour j'ai demandé à la prof pourquoi nous aussi on n'apprenait pas ce genre de choses. Elle m'a dit :

– Puisque tu es si intelligente, dis-moi ce que tu fais ici avec nous? Hein?

J'ai pas su quoi répondre. Elle a ajouté :

– Eh bien, vas-y, raconte-nous ce que tu sais!

Je ne me suis pas dégonflée et j'ai récité l'extrait de *L'Avare* où il ne trouve plus son argent. Les autres ânes étaient pliés en deux, y en avait même qui pleuraient de rire.

J'ai dû mettre le paquet; on aurait dit que c'était mon argent qu'on avait volé. En attendant, la prof, elle a assuré. Elle m'a mis une bonne note et du coup les autres se sont arrêtés de rire.

Ils m'énervent ceux-là, je ne les aime pas tellement, c'est pas mes copains du Paradis. Ils habitent pas loin de la cité, je les connais de vue. Je ne me sens pas bien dans cette classe. Mes copines Maria, Fabienne, Fatima, ne sont pas là. Soit elles ont encore redoublé ou bien elles sont allées dans les sixièmes des normaux, et moi je suis seule et c'est pas rigolo. Mais d'un côté je suis contente, parce que je suis la seule de la classe qui sait bien lire, même très bien, et qui fait le moins de fautes. Pour une fois que je ne suis pas dans les dernières! Et pourtant je ne suis pas sage, loin de là. Des fois, je ne me reconnais pas, tellement je réponds à la prof. L'année dernière j'aurais jamais fait ça, mais c'est comme ça, elle m'énerve. Elle nous fait faire des travaux manuels. On fait des pompons tout l'après-midi, on les coud ensemble pour en faire des petites couvertures, ou bien on fait du crochet. J'ai horreur des travaux manuels. Mais je m'applique, parce qu'au moins ça fait passer le temps, et surtout j'en ai marre d'attraper des heures de colle. Ma mère, elle le sait pas quand j'ai des heures de colle. Je lui ai pas dit mon emploi du temps; je l'ai pas fait pour lui mentir, mais elle ne m'a rien demandé, et je lui ai dit simplement que des fois j'ai cours et des fois pas. Normalement, tous les jeudis et vendredis après-midi, j'ai pas cours, mais tout les quinze jours, en moyenne, je suis collée, et comme cette vieille bique habite à côté du collège, eh bien, à chaque fois qu'elle passe devant, vers deux heures, genre elle sort faire ses courses, moi je sais que c'est pour me dire que c'est elle qui gagne. Mais je la laisse délirer. Je sais qu'un de ces quatre je me la paierai et là, on rigolera bien!

Au retour des vacances de Noël, la prof a décidé qu'en géographie on parlerait de la Corse, tout un dossier là-dessus. Ça me gonfle et en vérité, j'en ai rien à faire de sa Corse! Je sais que c'est « son pays », c'est elle qui nous l'a dit, mais ça ne m'intéresse pas, c'est tout! Y a qu'elle qui se fait plaisir dans l'histoire. Je suis sûre que les autres aussi, ils s'en foutent, mais ils ne disent rien. La dernière fois, comme je faisais encore le pitre, elle m'a dit :

– Alors, Samia, ça ne t'intéresse pas ce que l'on fait aujourd'hui ?

– Non, ça ne m'intéresse pas!

Si la Corse elle est comme elle, alors vraiment je préfère rien savoir! Et les châtaignes, je suis sûre que je trouverais les mêmes au marché. Sa Corse, elle doit être triste; elle nous fait colorier des paysages en gris avec des vieilles sur des ânes, toutes habillées en noir, comme elle. Bonjour la Corse! Je préfère encore ma cité.

– Samia! Tu es une petite arrogante!

Je m'en fous! Je ne sais pas ce que ça veut dire, mais ça ne doit pas être un compliment... Alors elle dit :

– Vas-y, prends ma place au bureau et parle-nous de l'Algérie. C'est bien ton pays? Allez! Lève-toi immédiatement et viens ici!

Je me lève; je dois dire que je ne suis pas bien. Je vais quand même au bureau et je m'assois.

– Nous attendons! Vas-y, nous t'écoutons!

Mais moi, j'arrive plus à parler, je prends la règle dans mes mains pour m'occuper. Ils attendent tous que je dise quelque chose, mais qu'est-ce que je peux dire sur l'Algérie? J'y ai jamais mis les pieds et puis, de toute façon, je ne peux pas parler, j'ai une grosse boule dans la gorge.

– Vous avez entendu quelque chose? siffle la vipère.

Personne ne répond, c'est le silence complet, je crois qu'ils ont tous peur. Moi, je sens que la boule de ma gorge devient de plus en plus grosse et surtout je me sens toute cramoisie. J'ai chaud, j'en peux plus et les larmes commencent à couler. Et je m'en veux de pleurer. J'ai honte, mais j'ai en même temps très mal, je ne sais pas où, mais ça me fait très mal. Pas un ne bouge dans la classe, et elle se met à rire, elle se moque de moi, elle fait durer le supplice pour que j'aie encore plus honte. Je la déteste! Je la déteste! Je la déteste... Je jure qu'elle me le paiera d'une façon ou d'une autre!

– Allez, regagne ta place maintenant! Et j'espère qu'on ne t'entendra plus!

Ce jour-là, y a pas eu un bruit dans la classe. J'ai eu quatre heures de colle à faire dans la même semaine et cette « vache » était contente. Sûr, tous l'écoutent, maintenant! Elle a encore gagné! Moi je me force à ne plus pleurer. C'est dur, mais j'y arrive. Je ne veux pas lui faire ce plaisir. C'est la première et la dernière fois que je pleurerai devant un prof. Je le jure!

C'est la fête à la maison. Il y a la grande sœur de mon père qui arrive d'Algérie. Mon père et mon frère Yacine vont la chercher à l'aéroport, avec la voiture de mon père. C'est Yacine qui conduit. Depuis qu'il a son permis, c'est souvent lui qui se sert de la voiture et, bien sûr, mon père ne le sait pas, parce qu'il dort toujours le matin et Yacine en profite pour lui piquer les clefs de la bagnole. Ma mère crie, mais Yacine ne l'écoute pas, il fait comme il veut. Enfin, ce jour-là, mon père l'a autorisé à conduire pour lui faire plaisir. S'il savait...

Quand ils reviennent à la maison avec la tante, on l'attend tous depuis un moment. Ma mère a fait des gâteaux avec Naïma et Samira. Dès qu'on voit la tante, on a envie de rire. On n'imaginait pas qu'elle était comme ça. On dirait un Indien, ceux qu'on voit dans les films de cow-boys. Elle a deux tresses de chaque côté de la tête et ses cheveux sont presque tout gris. En plus, elle est tatouée à la figure, au front, au menton, et même aux mains. Elle en a partout, beaucoup plus que ma mère, qui est seulement tatouée au front et au menton. Et ma mère est plus jeune. Je sais pas, c'est pas pareil.

On l'embrasse pour lui dire qu'on est contents qu'elle soit avec nous. Il y en a qu'un qui n'est pas là : c'est Foued ! Ma mère l'appelle par le balcon, on descend avec Kathia pour le chercher, mais on ne le trouve pas. Je suis sûre que ce soir il va s'en prendre une corsée, il doit traîner quelque part à faire des conneries.

Toujours est-il que c'est ce jour-là qu'avec mes sœurs on baptise la tante « Géronimo ». On l'aime bien, mais c'est plus fort que nous, on peut pas s'empêcher de l'appeler comme ça, c'est trop rigolo. Souvent on passe devant elle, et on lui dit :

– Alors, Géronimo, ça va pour toi ? Ça gaze comme tu veux ?

Bien sûr elle pige rien du tout et c'est pour ça que ça nous fait trop rire. De toute façon, même quand on parle arabe, elle dit qu'elle comprend rien à ce que l'on raconte. Pourtant, ma mère nous répond toujours quand on lui parle. Géronimo dit qu'elle n'a jamais entendu parler l'arabe comme ça et les premiers temps, quand on parlait, on pouvait voir ses yeux se bloquer et lui faire une drôle de tête. Ses tatouages se transformaient en point d'interrogation !

Mon frère Malik nous a expliqué que c'était parce qu'on parle l'arabe en français, ça veut dire avec l'accent français. Mais bon, Géronimo s'est vite habituée à notre langue dite « spéciale », et ça la fait rire.

On a fait un pacte avec ma mère et avec Géronimo : elles nous apprennent à mieux parler l'arabe et nous, avec mes sœurs, on leur apprend des mots de français. Mais je ne crois pas que ça les branche trop; elles ne retiennent rien, elles n'arrêtent pas de rire. C'est dommage, surtout pour ma mère, parce que, si elle arrivait à parler, on ne serait pas obligées avec mes sœurs de servir de « Mot de passe » quand il faut faire « les papiers », ou « les démarches administratives », comme dit si bien Amel.

Ce matin, mercredi, on se lève de bonne heure comme pour aller à l'école. Pour une fois mon père se réveille en même temps que nous et se prépare pour nous emmener. C'est Géronimo qui nous explique, pendant le petit déjeuner, ce qui se passe. Voilà, mon père a décidé de nous inscrire, mes sœurs, mon frère Foued et moi, à l'école arabe de l'Amicale des Algériens. Il dit que c'est important pous nous de savoir lire et écrire en arabe.

On sort ensemble, avec notre père, et là je me rends compte que c'est pas souvent qu'il vient avec nous en ville. On est sages, on dit pas un mot, même Foued se tient à carreau.

On arrive à l'Amicale. Il y a d'autres enfants, on doit être quinze à peu près. On nous installe dans la salle de classe et tous les pères s'en vont. Le directeur de l'Amicale nous présente notre instituteur. Il a une drôle de tête et en plus on comprend rien à ce qu'il raconte. Il paraît que c'est de l'arabe littéraire. On se regarde, avec mes sœurs, et entre nous on comprend qu'il y en a aucune qui pige quoi que ce soit. Il commence par nous apprendre l'hymne algérien en nous disant qu'on devra le chanter tous les mercredis matin, ensuite, il attaque l'alphabet.

Moi, cet instit arabe, je ne le sens pas. Je sais pas, moi, mais pour faire connaissance, il aurait pu essayer d'être gentil. Rien du tout, il nous montre tout de suite sa vraie figure! S'il sent qu'on n'écoute pas, il nous bombarde de morceaux de craie. Ce sadique en a préparé tout un paquet sur son bureau. En plus, il ne nous donne pas de récréation, ce qui fait que toute la matinée on se tient droits sur la chaise en faisant mine d'écouter et de comprendre. Foued essaie quand même de faire le mariolle; eh bien! il comprend vite. Il a peur, je le vois dans ses yeux. C'est dégueulasse, mais pour une fois ça me plaît de voir la peur dans les yeux de Foued.

La matinée se termine enfin et on rentre à la maison. Mon père n'est pas là et c'est ma sœur Naïma, la plus grande de nous cinq, qui est chargée de nous ramener au Paradis. Sur le trajet, enfin on peut parler. Foued ne dit rien. Il marche, la tête baissée. Il fait la gueule. Je suis sûre qu'il est énervé d'avoir été obligé de la fermer. Il a honte d'avoir eu peur. Nous, on dit rien, mais au fond de nous on rigole bien et il le sait.

C'est ma sœur Kathia qui commence à parler.

– Vous trouvez pas qu'il est bizarre, ce maître?

– Oui, il a une drôle de tête, il doit pas être clair! Vous avez vu les yeux de sadique qu'il a? Et puis tous les profs sont barjots, qu'ils soient arabes ou français! Y en a pas un pour rattraper l'autre!

Samira reprend :

– Je ne sais pas à quelle école il est allé, celui-là, peut-être qu'il n'a même pas dû aller à l'école longtemps, ou sinon il serait pas comme ça.

Je lui réponds :

– Pourquoi ? Tu les trouvès clairs les profs français ? Pourtant ils y sont toujours, à l'école !

On reprend la marche en silence. Naïma ne dit rien. Comme aujourd'hui elle est responsable du trajet, elle doit se dire qu'elle n'a pas le droit de critiquer l'instit arabe.

C'est Foued qui, tout d'un coup, nous ranime.

– Ça y est, j'ai trouvé à qui il ressemble, ce con ! Il est aussi bête que lui, Hibou Lugubre, l'Indien qui est le copain du capitaine Swing (la bande dessinée préférée de Foued).

On se met toutes à rire.

– Hibou Lugubre, il est bête mais pas méchant comme l'autre.

– Ça fait rien, me dit Foued, il a la même gueule et puis lui, c'est la connerie qui l'a rendu méchant !

– Ah, oui ! Et c'est pareil pour tout le monde ? Foued, tu crois vraiment que ça rend méchant, la connerie ?

Il me regarde droit dans les yeux et me lance, rageur :

– Ah ! Ah ! Je vois, madame Samia fait de l'esprit ! C'est vrai qu'elle est une grande intelligente !

– Oh ! Si on peut plus rigoler, c'est pas la peine de parler, alors !

– Oui, c'est ça ! T'as qu'à rigoler de ta gueule, moi, tu me fous la paix ! T'as compris ?

Je préfère jouer l'indifférence, je crois que c'est mieux pour moi. Kathia reprend :

– T'as raison Foued, « Hibou Lugubre », ça lui va super bien ! Il est moche et bête comme lui !

Enfin on arrive au Paradis. On monte à la maison, à pied... Comme toujours, les ascenseurs sont cassés. Remarque, ça pue la pisse là-dedans, et je préfère monter à pied. Mais les dix étages, il faut se les taper quand même. Le pire, c'est quand ma mère revient des courses. D'accord, on l'aide à tout monter, mais elle, on peut pas la porter et, quand elle arrive à la maison, il lui faut presque une demi-heure pour retrouver son souffle.

Donc, on arrive à la maison et, dès qu'on y est, on rejoint ma mère qui est en train de laver le linge. On lui chante l'hymne algérien. Pourtant, on s'était rien dit avant, peut-être qu'on voulait chacun être seul à lui faire la surprise. Mais pour le coup, c'est elle qui nous surprend! Elle nous dit :

– C'est quoi, cette chanson ? C'est le maître qui vous l'a apprise ?

On se regarde, étonnés; Foued répond :

– Mais maman, tu ne la connais pas, cette chanson ? C'est la chanson du pays, de l'Algérie!

– Non, je ne la connais pas, vous savez votre grand-père ne m'a jamais inscrite à l'école. Je n'ai pas eu la chance que vous avez!

Ça, on le sait, qu'elle n'est jamais allée à l'école, mais on pensait quand même qu'elle connaissait l'hymne algérien. Des clous! c'est la première fois qu'elle l'entend... Enfin bref, on passe à autre chose, et pourquoi pas lui raconter l'histoire de Hibou Lugubre. Elle n'aime pas du tout. Surtout quand Foued, exagérant un peu quand même, lui dit que pendant toute la matinée Hibou Lugubre l'a mitraillé de bouts de craie, et qu'il a failli s'en prendre un dans l'œil. Là, ma mère est furieuse et attend mon père, bien décidée à lui dire ce qu'elle pense de ce maître qui ose frapper son fils. Quand mon père arrive, elle lui fait une tête grosse comme un ballon.

Mais le problème, c'est qu'il ne croit pas un mot de ce qu'elle lui raconte et dit qu'on aurait tout inventé pour ne pas avoir à y retourner. Je pense que, cette fois, on est mal barrés avec cette école du mercredi et qu'on va être obligés d'y aller.

Surtout, je me dis que vraiment je n'ai pas de bol, déjà que je me tape l'autre fondue pendant la semaine, maintenant je suis obligée de me farcir l'autre tordu le mercredi. Ça fait beaucoup dans une semaine! Des fois, je me lève le matin et déjà j'en ai assez de la journée. Avant l'année dernière, je ne me rappelle pas que je me levais dans cet état. C'est la première année que je me sens comme ça et dans ces moments-là, j'ai envie de rien! Ni de parler, ni de manger, rien du tout!

Je le sens, moi, que je ne suis plus pareille. Je deviens de plus en plus méchante, surtout avec les filles de ma classe. Je les insulte, et quelquefois je le regrette parce que je dis vraiment des horreurs. Mais moi, comme j'en ai marre, je me venge sur les autres. Cette année de sixième, je vais m'en souvenir pendant un moment, surtout des heures de colle et du mercredi matin, même si depuis quelque temps l'instituteur de l'Amicale a changé. Ma mère et celles des autres élèves ont dû prendre la tête à leur mari, ce qui fait qu'un matin on est arrivés et Hibou Lugubre avait disparu. On n'a pas trouvé de surnom au nouveau; mais c'est sûr qu'on l'appellera pas « Sourire », il ne sait pas ce que c'est; mais bon, il est pas méchant.

Lui, son truc, c'est la morale. Il n'arrête pas de nous dire qu'il faut être sérieux et bien travailler à l'école, que c'est très important parce qu'on apprend tout. Je crois qu'on n'a pas fréquenté les mêmes écoles, lui et moi.

Tous les mercredis matin, il nous fait chanter l'hymne. Après c'est le tour de la leçon de morale et enfin on apprend l'alphabet. Je pense qu'il doit être déçu, on a trop de mal à répéter les mots ; je ne sais pas, mais ils sont durs à passer dans la gorge. Et puis il se rend compte que ça ne nous intéresse qu'à moitié. En tout cas, moi, ses leçons et ses chansons, je m'en fous complètement. Je préférerais être en bas de mon immeuble, pour jouer, plutôt que d'être là. Si l'école française ne m'intéresse pas, je ne vois pas pourquoi l'école arabe m'intéresserait davantage !

On y est enfin arrivés, à la fin de l'année ! C'est le mois de juin et bientôt je ne verrai plus ni la prof ni cette classe pourrie. Deux mois de vacances et enfin la paix !

Mais, avant de partir, je vais mettre mon plan de vengeance en marche. Eh oui, j'ai trouvé comment je vais me payer celle qui m'a collée toute l'année ! J'ai appris que notre directeur de collège part à la retraite ; je ne le connais pas vraiment, mais il m'a toujours donné l'impression d'être gentil. J'ai économisé les pièces jaunes que je trouvais ou que ma mère me donnait après les commissions et je suis allée au bar-tabac de la cité ; j'ai vidé ma cagnotte et j'ai demandé si avec tout ça je pouvais acheter une boîte de cigares, même petite. Le monsieur a cru que je voulais faire un cadeau à mon père (je l'ai laissé y croire), et il a été très gentil avec moi. Il a compté toutes mes pièces et en échange j'ai eu la fameuse boîte de cigares, dans un beau paquet cadeau. Je ne sais pas s'ils sont bons, mais le monsieur du bar-tabac m'a dit que c'était déjà pas mal.

J'arrive au collège bien avant l'heure. Je trouve le directeur dans son bureau, il est seul et la porte est ouverte. Je tape. Il lève la tête de son travail et me dit :

– Entre, mon petit!

Il dit toujours « mon petit »; j'aime quand il dit ça.

– Alors, qu'est-ce qui t'arrive?

Je reste à côté de la porte; je ne sais pas par où commencer.

– Allons, approche... Je ne vais pas te manger, tu sais. Qu'est-ce qui se passe, tu veux me parler?

Je m'approche un peu plus de son bureau, pose le paquet cadeau dessus, et je repars vite me remettre près de la porte.

– C'est pour moi?

Je fais oui d'un signe de la tête.

– Mais pourquoi, mon petit?

Je ne réponds pas.

– C'est de la part de tes parents?

Je me décide à lui parler, mais la tête baissée :

– C'est de la part de mes parents et de moi. Je leur ai dit que c'était votre retraite, alors voilà.

Je crois pas qu'il me raconte des conneries quand il me dit que ça lui fait très plaisir. Je le vois dans ses yeux, ils ont toujours été gentils, ses yeux.

Puis la sonnerie se met à gueuler et le directeur me dit de vite retourner en classe. J'arrive au moment où tous les autres rentrent. Ouf! Juste avant de me faire repérer et jeter! Mais maintenant, la prof, elle peut dire ce qu'elle veut, je m'en fous. Je sais que bientôt elle sera au courant et là, on verra bien. Surtout que depuis quelque temps, tous les jours y en a un qui fait le lèche et qui lui apporte un cadeau. Moi, elle peut toujours attendre, elle n'aura rien!

Au bout d'une demi-heure, le pion entre dans la classe et dit que le directeur veut me voir. Je me lève, fière, le nez bien en l'air et je marche droit vers le pion. Les autres croient que je vais me faire engueuler, j'en suis sûre, et la prof, je le vois du coin de mon œil lorsque je passe à côté d'elle, elle aussi se pose des questions.

J'arrive dans le bureau du directeur, il me dit :

– Assieds-toi, mon petit. Tu diras à tes parents que leur cadeau m'a fait très plaisir et que je suis très touché. D'ailleurs, je leur ai fait un petit mot pour les remercier. Tiens, tu leur donneras ce soir! Allez, maintenant retourne vite en classe.

Je lui réponds :

– Oui, monsieur, je leur dirai! Au revoir, monsieur!

En retournant en classe, j'ouvre le mot. C'est une très belle lettre. Je comprends pas tout car il met des phrases un peu compliquées, mais j'arrive à comprendre qu'il parle de son métier de directeur, qu'il a beaucoup aimé les enfants et l'école qu'il a servis toute sa vie et que, surtout, il les remercie d'avoir pensé à lui, qu'il est touché du fond de son cœur. Je remets vite la lettre dans ma poche et je me dis que c'est dommage que ma mère ne sache pas lire et surtout que mes parents ne soient pas au courant pour la boîte de cigares. Maintenant que j'ai lu la lettre du directeur, je suis contente de lui avoir fait un cadeau.

Je reviens en classe. Je vois bien que les autres se demandent toujours ce qui a bien pu m'arriver. Mais même lorsque la sonnette nous avertit que c'est la récréation et qu'ils viennent me demander pourquoi le directeur m'a convoquée, je prends un air prétentieux et leur réponds :

– Ça ne vous regarde pas! C'est une histoire entre lui et moi.

Ils m'examinent, étonnés, et s'en vont jouer. Franchement, je pensais qu'ils allaient un peu insister, mais bon, je m'en fous. J'attends avec impatience que la prof revienne.

La sonnerie se remet à gueuler et on retourne en classe. Dès qu'elle entre, je sais qu'elle est au courant. Je le vois à sa façon de me regarder, alors qu'elle aurait préféré justement ne pas me regarder du tout pour que je ne sache rien. Ne pas me calculer, quoi! Mais voilà, je la guettais, moi! Je savais qu'elle ne pourrait pas s'empêcher de me mater de haut, comme elle l'a fait pendant toute l'année. À part que cette fois, elle n'a plus l'air conquérant. Elle a perdu! Et je savoure cet instant. En plus, elle croit que je vais baisser les yeux. Non, non! C'est terminé, cette histoire! Je l'ai bien eue. Pour essayer de me blesser (il n'y a qu'elle qui croit qu'elle peut encore me faire mal; elle sait pas, maintenant, que je suis blindée), elle fait mine d'avoir au coin des lèvres un sourire moqueur, du genre : « Ma pauvre fille, t'es vraiment nulle! » Mais moi, je ne marche pas et je continue de la dévisager.

Je plante encore mes yeux dans les siens et ils lui disent : « Je sais que tu es au courant, comme tu sais que tu as perdu ! » Elle est la seule à savoir et à comprendre pourquoi « mes parents » ont fait un cadeau au directeur. Mais elle ne peut pas dire que c'est pour l'emmerder que je l'ai fait, pour bien lui montrer que c'est elle la plus grosse nulle de la classe.

Elle revient à son bureau et je suis fière que ce soit elle qui ait lâché la première. Moi je ne l'aurais pas fait, je serais restée à la fixer toute la nuit.

Le soir, en rentrant à la maison, je raconte toute l'histoire à mes sœurs. On rigole bien et je sens qu'elles sont fières de moi. Depuis ce jour, on ne se parle plus, avec la prof. On se fout la paix et je n'ai plus d'heures de colle.

Les autres de la classe ont voulu faire une boum pour la fin de l'année. La prof a été d'accord. Ce jour-là, je ne suis pas allée en classe, j'ai dit à ma mère que l'école était finie pour moi !

L'été est revenu au Paradis et il fait une chaleur de folie ! Mes parents et Géronimo préparent leurs valises pour partir en Algérie.

Ma mère pleure depuis deux jours, elle n'arrive pas à s'arrêter. C'est le télégramme qu'elle a reçu qui lui a donné ce chagrin : il lui annonçait que sa mère venait de mourir. Je ne connais pas cette grand-mère, ni les autres grands-parents d'ailleurs, ils sont tous morts depuis longtemps. Ce jour-là, ma mère m'a fait peur ; je ne l'avais jamais vue dans cet état. Elle est tombée et s'est mise à hurler, à frapper le sol et son visage. C'était impressionnant. Je crois que c'était la première fois que je la voyais pleurer. C'était bizarre, j'avais peur. On s'est regardées, avec mes sœurs, et on s'est toutes mises à pleurer, pas pour la grand-mère, on la connaissait pas, mais parce que ça nous faisait de la peine de voir notre mère si triste.

Alors Malik nous a tous pris, même Foued, et il nous a emmenés à la mer. Pour une fois, on n'avait pas envie d'y aller, on voulait rester à la maison. Mais aucun de nous n'a pu. Malik nous a dit que ma mère devait rester seule. Je lui ai alors demandé :

– Pourquoi maman, pleurait comme ça? Pourquoi elle se donnait des gifles?

Il m'a répondu :

– Tu sais, ma petite Samia, une maman c'est très important, et notre maman a beaucoup de peine. Elle souffre parce que, maintenant, elle n'a plus de maman du tout et ça, c'est dur à accepter.

Tout d'un coup j'ai eu mal à mon cœur, parce que j'ai pensé que moi aussi j'aime très fort ma mère et je pleurerais à vie si elle n'était plus là. C'est dur, quand même, cette histoire qui est arrivée à ma mère!

Kathia a encore demandé pourquoi elle frappait ainsi le sol et son visage.

T'as pas compris, lui a dit Foued, elle sait pas ce qu'elle fait, elle a mal, elle souffre! Tu comprends pas le français ou quoi?

Il est con ce Foued, faut toujours qu'il soit méchant! Ma sœur Naïma l'a engueulé et on s'est tous mis à pleurer. On était là, assis dans le bus qui nous emmenait à la plage, et on pleurait tous, Naïma, Samira, Kathia, Foued, moi, et même Malik.

On est arrivés à la plage, mais sans envie de se baigner. Malik a essayé de nous amuser mais, avec mes sœurs, on n'a pas bougé. On regardait les gens et mes deux frères qui faisaient la course du poisson le plus rapide. Malik, c'est le champion de la natation. On dirait un vrai poisson ! C'est lui qui nous a appris à nager, à tous.

Pendant qu'on les regardait, on oubliait presque qu'on était tristes tout à l'heure et, à force de faire les pitres, ils ont réussi à nous faire rire. Mais on ne s'est pas baignées, on avait toujours pas envie.

Puis, on est retournés à la maison. Je ne savais plus si j'en avais encore envie. Je voulais voir ma mère, mais je ne voulais pas la voir pleurer. Quand on est arrivés, ma mère était enfermée dans sa chambre et c'est Géronimo qui s'est occupée de nous. On n'a pas pu voir ma mère, il paraît qu'il fallait la laisser tranquille.

Tout est prêt pour le départ, les valises, les cadeaux pour la famille, pas trop quand même puisque ce départ est plutôt précipité. C'est Yacine qui doit les emmener à l'aéroport ; nous, on peut pas, il n'y a pas de place dans la voiture. C'est dommage, j'ai envie de voir un aéroport avec ses avions, j'en ai jamais vu.

Enfin tout le monde embarque, Amel fait la gueule parce qu'elle dit que pour son mois de congé, elle va se taper le ménage et la bouffe de toute la famille. « Bonjour les vacances », dit-elle. Ma mère lui répond que Naïma et Samira sont là aussi pour l'aider. Moi, c'est bon ; avec Kathia, on a encore un peu de temps avant d'être obligées de se farcir le ménage et le reste. On a toutes les vacances pour se la couler douce. Pour mes frères, ça ne change pas, ils n'en rament pas une toute l'année, même pas leur lit; alors c'est pas maintenant qu'ils vont commencer!

J'adore l'été et celui-là est vraiment super! Toute la journée je suis en bas, ou bien Amel nous emmène à la plage. Le soir, il nous arrive même de partir nous promener sur le port. Enfin, ça, c'est quand Yacine est là et qu'il veut bien nous conduire en voiture, parce que monsieur se dit « responsable de la bagnole ». En attendant, des fois il se barre avec pour la journée et la nuit. Je sais pas ce qu'il fabrique vu qu'il ne travaille pas, mais on ne le voit pas souvent. Moi, je ne m'en porte pas plus mal et je peux pas dire qu'il me manque, sauf pour la voiture. Quand il est là, il fait le chef. Il essaie de jouer au père, à part que lui, il a le droit de nous commander.

Amel, elle est chouette et elle assure vraiment. On est libres de faire ce qu'on veut. Elle s'est organisée avec Naïma et Samira pour la bouffe et le ménage et je crois que ça l'arrange bien que nos parents soient partis juste au moment de ses vacances... La dernière fois, elle est partie toute la journée, mais elle n'a pas eu de bol parce que ce jour-là Yacine est rentré. Il n'a pas arrêté de poser des questions pour savoir où elle était. Nous, on a dit qu'elle était allée faire des papiers pour les parents. Quand Amel est revenue, Yacine lui a encore demandé où elle était passée. Heureusement qu'elle a parlé « des papiers », mais il a pris l'air de celui qui ne le croit pas. Il l'a regardée de travers, alors Amel s'est énervée et lui a dit :

– Qu'est-ce qu'il y a, tu veux un compte rendu minute après minute?

– Oui, c'est ça! Tu ne vas pas me faire croire que ça t'a pris la journée pour faire les papiers!

Il était vraiment soupçonneux et il n'arrêtait pas de lui tourner autour. Elle n'en menait pas large, Amel! Elle s'est encore plus énervée :

– Monsieur se barre plusieurs jours avec la voiture de papa et en plus il faut que je lui rende des comptes quand il revient! Non, mais! oh! Tu te crois où, ici? Laisse-moi tranquille!

Alors là, le Yacine a changé de couleur! Il s'est approché d'Amel et, si elle n'avait pas bougé, il l'aurait placardée contre le mur. Il lui a dit :

– Tu vas voir comme je vais te laisser tranquille! Quand le père n'est pas là, c'est moi le responsable de la famille! Je suis l'aîné, t'as compris? Et à partir d'aujourd'hui, je veux être au courant de tout! De tout! T'as compris?

Amel, elle balise mais elle ne se laisse pas faire.

– Ah! Tu es responsable de la famille? Alors occupe-toi de la marmaille, emmène-les se promener en bagnole au lieu de les laisser traîner en bas toute la journée. Foued, il n'arrête pas de faire des conneries. Tous les jours, il se bat avec quelqu'un! Les gamines ont besoin d'aller à la plage et si ce n'est pas moi qui les y amène avec le bus et avec mon argent, – ça il ne faut pas l'oublier non plus – eh bien tous les jours elles sont dans la cité! Heureusement que des fois Malik les prend! Mais c'est pareil lui aussi, soit il disparaît je ne sais où, soit il traîne avec les autres devant les immeubles! C'est intéressant pour toi d'être le chef. T'es le chef de quoi?

Là elle se met à crier encore plus fort et à pleurer :

– Foutez-moi la paix! Tous! Vous avez compris?

Et elle part s'enfermer dans la chambre.

Je l'ai entendue pleurer un moment. On a mis la table. Naïma nous a servis, on a tous mangé sans dire un mot. Bizarre, l'ambiance... Il pouvait rester où il était, celui-là! Il ne s'occupe jamais de nous et, quand il vient, c'est pour mettre nos vacances en l'air.

Après toutes ces histoires, Malik a fait ses valises. Il a dit qu'il ne supportait pas une ambiance comme ça et qu'il allait dormir chez des copains. C'est dommage, j'aime bien Malik. Il sait nous parler gentiment, même s'il n'est pas là souvent. Quand il est avec nous, il nous fait rire, il nous raconte des blagues. Mais moi, je sais pourquoi il s'en va. Il ne s'est jamais entendu avec Yacine. Jamais! C'est normal, ils ne sont pas pareils, mais alors pas du tout! Malik est plutôt cool et l'autre un nerveux qui s'excite méchamment.

Pendant quelque temps, Yacine est resté à la maison. Il faisait le commandant. Ce n'est pas vraiment qu'on l'intéresse puisqu'il ne nous demande jamais comment on va, mais ça doit lui plaire de sentir qu'il nous fout la trouille quand il est là et qu'on n'est pas à l'aise. La preuve, on ne se dispute jamais, même pas avec Foued. Avec Yacine, on ne sait jamais qui va s'en prendre une. Il ne calcule rien, lui; tort ou raison, on en prend tous plein la gueule. De toute façon, on n'essaie même pas de discuter, il n'a qu'à nous regarder et on s'écrase vite fait!

Heureusement, la bougeotte l'a repris et, au bout de quelques jours, il a recommencé ses sorties. Ouf! Tant mieux, ça devenait l'asphyxie dans cette maison!

Amel, depuis cette histoire, ne part plus pour la journée, sauf quand elle nous emmène à la mer. Elle disparaît pendant plusieurs heures et revient nous chercher en fin d'après-midi. Ellc nous a fait promettre de ne rien dire à Yacine. Elle n'a pas à s'inquiéter, on ne dira rien à celui-là, surtout qu'en plus ça nous permet d'aller à la plage.

Malik n'est toujours pas revenu. Il a dit qu'il se réinstallerait à la maison quand les parents reviendraient. Je ne sais pas ce qu'il fabrique. Des fois, avec Kathia, on le voit en bas avec Roméo, le frère de Maria, et les autres. Il nous embrasse quand on le rencontre.

On a reçu un télégramme des parents; ils reviennent d'Algérie demain samedi. Il faut que Yacine aille les chercher. On est contents, surtout Amel qui commençait à flipper; lundi elle reprend son travail au supermarché.

Géronimo est revenue avec eux, ça me fait plaisir de la revoir. J'avais peur de trouver ma mère changée, mais ça a l'air d'aller, même si elle n'arrête pas de dire qu'elle est fatiguée.

Dès qu'elle entre, elle nous demande où est Malik. On l'a pas vu en bas et il ne sait pas pour les retour des parents. Alors Yacine commence à raconter la fameuse histoire en disant que c'est à cause d'Amel si Malik est parti. Il est bête, celui-là! Il les laisse même pas souffler que déjà il leur prend la tête en leur faisant un rapport sur tout le mois. À croire qu'il avait engagé des espions! C'est un vrai KGB, ce mec! Ça lui va bien, ce nom...

Mon père se met à gueuler après Amel qui commence à pleurer. Ma mère l'accompagne, pendant que Géronimo essaie de calmer tout le monde. Bonjour les retrouvailles! Ça pleure à l'aller et ça pleure au retour, c'est gai dans la famille Nalib!

Ma mère n'arrête pas de dire :

– Mon fils! Mon fils! Il est parti, je ne vais plus le revoir. J'ai perdu ma mère et maintenant c'est mon fils! Dieu! Viens à mon aide!

Mon père s'énerve.

– Arrête les larmes! Il est pas mort, non? Il va revenir, ton fils!

Tu parles! Ma mère continue de pleurer. Amel s'est encore enfermée dans la chambre des filles. On regarde le KGB comme si on avait envie de l'étrangler. Il a l'air content; il a tout gâché, mais il est fier de lui. Il pose des questions pour savoir comment va la famille d'Algérie. Il fait celui qui s'intéresse, mais je suis sûre qu'il n'en a rien à faire. Ensemble, avec mon père, ils partent discuter dans la cuisine. On a tous envie de raconter que pendant un mois il s'est servi tranquillement de la bagnole, mais on a peur de se prendre une raclée.

C'est Foued qui a trouvé Malik et qui lui a dit que les parents étaient là; du coup il a ramené sa valise. Ma mère s'est jetée sur lui, on aurait dit qu'elle ne l'avait pas vu depuis dix ans. Lui aussi était content. Mon père l'a engueulé en lui disant qu'il n'avait pas à partir de la maison, qu'au contraire il aurait dû rester pour surveiller les filles. Malik lui a répondu :

– Je suis pas un flic, moi, et Amel est assez grande pour savoir ce qu'elle a à faire!

Mon père lui a dit :

– Tu es un homme! Et quand je ne suis pas là, toi et Yacine, vous me remplacez!

– J'ai pas envie de te remplacer, moi, ça ne me plaît pas.

C'est pas le KGB qui aurait répondu ça; au contraire, il doit même jubiler d'entendre ce que mon père vient de dire.

Enfin, comme dit Géronimo, on est tous réunis et c'est l'essentiel.

Pas une seule fois j'ai pensé à cette rentrée qui arrive et voilà qu'elle me tombe dessus! La seule chose que j'aime, dans la rentrée, c'est que ma mère nous achète des vêtements neufs. Mais c'est tout. Maintenant, je me demande qui je vais avoir cette année, comme prof. J'espère qu'elle ne sera pas comme celle de l'année dernière; ou sinon, bonjour!...

Naïma et Samira passent dans la classe au-dessus, moi aussi, mais toujours avec les cancres, histoire de continuer à être encore plus débile. Kathia va rejoindre mes deux autres sœurs à l'école des grands et par la grande porte, comme elle dit si bien. Je ne sais pas pourquoi elle bloque sur la grande porte, elle est fière de passer dans la sixième des normaux. Elle a raison, j'aurais aimé, moi aussi, la passer, cette grande porte!

Quant à Foued, il redouble son CM2. Je crois qu'il va prendre ma relève et je lui souhaite bien du plaisir s'il tombe sur l'autre prof de l'année dernière. Autant pour elle, remarque!

Le premier jour, je fais le chemin avec Fathia et Fabienne. C'est bon, toute l'année je suis sûre de ne plus être seule pour le trajet. Fabienne a redoublé le CM2 et, vu son retard, ils l'ont fait passer directement en cinquième SES. Ça vaut mieux pour elle qu'elle n'ait pas connu la sixième, de toute façon ça ne lui aurait rien apporté. Fathia, c'est encore différent, ils ont essayé de la mettre en sixième normale, mais c'est juste resté un essai!

J'ai l'impression que pour nous, l'école c'est comme le jeu de l'oie. Mais à chaque fois qu'on lance les dés, soit on se tape un retour à la case départ, soit on se retrouve dans les prisons et le puits. Au lieu d'avancer pour gagner à la fin du jeu, nous on s'enfonce toujours un peu plus. le seul avantage, dans ces classes, c'est qu'on est tous des derniers, on est tous pareils, alors on n'a pas à avoir honte de lancer les dés.

J'ai bien fait de ne pas trop délirer sur la nouvelle prof; elle est jolie, mais c'est tout. Pour le reste, elle est comme celle de l'année dernière, aussi vache. Celle-là ne carbure pas aux heures de colle, mais aux punitions, et celle qu'elle préfère, c'est les lignes. Ça doit être une obsession chez elle, y a pas un jour où elle n'en distribue pas, on y est tous passés. Moi, quand c'est mon tour, je fais la division par quatre et le soir je les distribue à mes sœurs. En plus, à la maison, ça fait croire que j'ai des devoirs. La prof, elle prend même pas la peine de vérifier; dès qu'on lui donne les punitions elle nous regarde et elle déchire tout. Elle doit penser nous faire du mal, nous faire râler, mais moi je m'en fous puisqu'en vérité je n'en fais que le quart.

Il y a quand même quelque chose que j'aime bien chez elle, c'est qu'elle nous fait lire toutes les semaines. Dommage que ses punitions consistent à recopier un ou plusieurs chapitres du livre qu'on est en train de lire. Et si je n'aimais pas les histoires de Marcel Pagnol, je suis sûre qu'elle me dégoûterait à vie de la lecture. Je me demande souvent ce qu'il dirait, monsieur Pagnol, s'il savait que son livre sert aux punitions.

C'est Amel qui a changé. Souvent, quand elle rentre du travail, elle s'enferme dans sa chambre, on ne la voit presque plus. Je suis sûre que tous, on se demande ce qui se passe, mais personne ne dit rien. La dernière fois, je l'ai surprise en train de parler tout doucement avec Naïma et de pleurer pendant que celle-ci essayait de la consoler. C'est bizarre, je trouve que l'ambiance est moins drôle à la maison, et puis, comme il fait froid et nuit tôt, on ne joue plus en bas de la cité.

En hiver, l'ambiance du Paradis, c'est pas ça! Ce n'est pas comme en été où le soleil est tellement beau et fort qu'il arrive à colorer tous les immeubles. Mais l'hiver, la vraie couleur ressort et tout est gris avec des traces d'un drôle de jaune. On croirait que tous les chiens de la ville se sont donné le mot pour venir pisser du haut de chaque tour et que c'est leur pisse qui dégouline comme ça sur nous.

Alors, pour faire passer le temps et pour rigoler, surtout, on s'invente des trucs à faire, des jeux. Avec Fabienne et Fathia on a inventé un jeu d'enfer! Quand on rentre des cours, avec mes sœurs, on doit aller faire les courses chacune notre tour. Quand c'est le mien, je vais chercher mes copines et on va ensemble dans les magasins de la cité. Il y a une épicerie et une boucherie arabes, un magasin où ils vendent des produits juifs, une boulangerie et deux bars pour les hommes. Il y en a pour tous les goûts, au Paradis. Le seul à être international, c'est le supermarché. Il vend de tout et les gens qui y travaillent sont de toutes les couleurs. Le supermarché, c'est la cité en plus petit. Mais nous, on préfère les petits magasins, parce qu'ils n'ont pas de surveillants. Je laisse à Foued et ses copains le supermarché, c'est un trop gros morceau, c'est pas pour nous. Et puis je suis sûre que c'est moins rigolo.

En fait, on a deux techniques, une pour l'épicier et une pour la boulangère. On attend qu'il n'y ait personne dans le magasin; une de nous reste dehors pour surveiller et nous avertir si des gens arrivent. Pour la boulangère, c'est facile. Elle met toujours trois heures pour arriver et vendre son pain; nous, en attendant, on rafle le maximum des choses, brioches, chocolats, bonbons... Et surtout on crie et on répète : « Bonjour! Y a quelqu'un? », parce que, si on dit rien, ça lui met le doute dans la tête et elle risque de rappliquer en vitesse, alors qu'avec notre technique elle s'imagine pas qu'on peut faire les deux en même temps.

L'épicier, c'est une autre paire de manches! Lui, il est né soupçonneux. Avec son regard de travers, il nous lorgne de la tête aux pieds dès qu'on entre dans son magasin; il veut nous faire peur, mais surtout il nous dit : « Attention! Je vous ai à l'œil! » Ça ne nous empêche pas d'essayer de mettre notre plan en action. Des fois, on repart les poches vides et là, franchement, on a les boules, mais dans l'ensemble on s'en sort pas trop mal, surtout quand il y en a une de nous qui l'entraîne dehors à l'étalage, aux fruits et légumes. Pendant ce temps, l'autre reste à l'intérieur et s'occupe gentiment de tous ces chocolats qui nous font de l'œil à longueur d'année. Je suis sûre qu'il a dû penser à fouiller celle qui reste dans le magasin, mais il n'a pas intérêt à nous toucher, il n'a pas le droit parce qu'on est des filles. Et même lorsqu'on lui dit au revoir gentiment comme toujours, il ne nous répond jamais, mais continue à nous regarder de travers. Sur le chemin du retour on s'amuse à l'imiter, s'imaginant qu'il s'est pris un coup dans la tête et que, depuis, ses yeux sont restés bloqués sur le côté.

Ma mère répète souvent qu'elle se demande ce que je fabrique quand vient mon tour de faire les courses, que je mets plus de temps que mes sœurs et que c'est vraiment bizarre qu'il y ait toujours du monde dans les magasins lorsque c'est moi. Dans ces cas-là je m'écrase; je ne peux quand même pas lui dire qu'après les courses nous avons besoin, mes copines et moi, d'un peu de temps pour partager notre butin!

Foued rentre joyeux de l'école, et ce n'est pas normal! Il a dû faire un détour par le chemin des conneries. Enfin, il nous explique que depuis ce matin dix heures tous les élèves sont restés dans les classes avec interdiction de sortir dans la cour. Avec mes sœurs, on est encore sûres qu'il va nous annoncer sa dernière connerie. Mais non! Pour une fois il n'a rien fait et nous explique ce qui s'est passé. Un gamin qui jouait pendant la récréation s'est pris sur la tête un ballon rempli de grenailles. Le directeur a appelé la police mais elle n'a rien pu faire. L'école se trouve juste en bas d'une tour de vingt étages...

Le gamin est à l'hôpital avec un traumatisme crânien et ses parents ont porté plainte au commissariat. Ils ont dit qu'ils allaient faire une enquête... Du coup, ma mère, quand on lui traduit ce qui s'est passé, elle dit que Foued ne retournera pas à l'école tant que la police n'aura pas trouvé celui qui a balancé le ballon à grenailles. La bonne aubaine pour Foued! L'enquête risque de durer un moment et lui de se la couler douce pendant tout ce temps. Mais je suis sûre que ma mère va vite craquer et le remettre à l'école. Au moins, quand il est là-bas, il pense à autre chose qu'aux conneries. Enfin, c'est ce que croit ma mère!

Les parents du petit garçon ont fait signer une pétition. Ils ont demandé à toutes les mamans de venir devant l'école pour manifester, mais le lanceur de ballon est toujours introuvable et la police continue son enquête. Depuis cette histoire, le coin de la cour qui se trouve en bas de la tour est interdit aux enfants et les classes prennent leur récréation à tour de rôle. Déjà que cette école était triste mais maintenant, avec ce grillage qu'ils ont mis dans la cour, on dirait une prison!

À bien réfléchir, ce n'est pas que le grillage qui fait la prison... Moi, je supporte de moins en moins d'être enfermée toute la journée avec l'autre prof; je n'ai plus envie de la voir ni de l'écouter. Elle nous croit tellement bêtes qu'elle nous le répète à longueur de journée. Sa phrase préférée c'est :

– Mais qu'est-ce que vous pouvez être bêtes, je n'en ai jamais vu d'aussi bêtes!

Chaque fois j'aimerais lui répondre :

– Eh bien, il y a un début à tout, madame! Et moi, je n'ai jamais vu une prof aussi conne!

Quoique... Mais bien sûr, j'écrase ou sinon je suis bonne pour me taper encore des lignes. Elle n'a pas encore compris que c'est elle et ses punitions qui nous rendent bêtes. C'est sûr, on n'est pas des enfants de chœur, sinon on ne serait pas dans cette classe, mais ce n'est pas une raison pour nous rabaisser tout le temps.

De toute façon, pour moi ce n'est pas une prof, elle a une drôle de mentalité. La dernière fois, avec la pionne, elles ont fait un truc vraiment dégueulasse et salaud! La pionne est entrée dans la classe, elle avait soi-disant quelque chose à lui demander. Mon œil! Je suis sûre qu'elles avaient monté le coup à l'avance. Pour lui demander le renseignement, elle s'est plantée juste derrière Fathia et moi. Je l'ai surprise, en me retournant pour l'écouter, en train de se boucher le nez en nous regardant, ma copine et moi. Elle voulait dire que toutes les deux, on puait. À ce moment-là, j'ai eu tellement honte que j'en aurais chialé. Mais en même temps, j'avais trop envie de la frapper, fort, tellement fort, jusqu'à ce que ma honte disparaisse! Heureusement que les autres de la classe n'ont pas rigolé. Au contraire, il y avait un tel silence que même l'autre, avec ses punitions, elle n'arrive jamais à l'avoir. La pionne est vite partie, cette hypocrite! Elle a eu peur de quoi? Que je me lève et que je lui en file une? Elle n'a pas de soucis à avoir, même si l'envie est là, je sais que je ne peux hélas! rien lui faire. J'ai compris que les profs, même quand ils ont tort, ils ont toujours raison!

C'est vrai que dans cette classe, ça ne sent pas bon. Il y a une odeur de pieds mélangée à toutes les autres odeurs, y compris celle des murs tellement pourris qu'ils sentent le moisi. Mais ce n'est pas une raison pour nous coller, à Fathia et à moi, toutes les sales odeurs! Pourquoi nous? Qu'est-ce qui fait la différence? Nos prénoms? Nos têtes?

J'ai raconté ce qui est arrivé à mes sœurs; elles m'ont dit que c'est parce que Fathia et moi, on n'est pas françaises. Pourquoi? Les autres de la classe, ils sont tous français? Ça m'étonnerait! La prof qui s'appelle Sanchez et la pionne Graziani, elles sont des pures Françaises, elles? Je ne peux plus les voir, je suis trop dégoûtée. D'ailleurs, avec Fathia, on n'en a jamais parlé, ni à la sortie des cours, ni jamais...

Cette semaine, je suis obligée de mentir pour ne pas aller en cours et rester à la maison. Je dis à ma mère que la prof est malade; pas besoin d'explication supplémentaire. Et je crois qu'en fin de compte, ma mère, ça l'arrange; je peux dire que bientôt je saurai tout faire dans une maison et que je n'aurai plus d'excuse pour me défiler! Je m'arrange avec Naïma : elle fera le mot d'excuse et signera le bulletin d'absence sur le carnet de correspondance. Heureusement qu'elle est d'accord : j'ai besoin de cette semaine pour attraper le facteur et prendre le courrier de la maison; le collège doit envoyer l'avertissement que le directeur m'a collé pour indiscipline. Sitôt que je l'ai dans les mains, je le déchire en mille morceaux. Voilà, ni vu, ni connu, l'avertissement reste inconnu!

Lorsque le directeur m'a convoquée dans son bureau, après Fathia et Fabienne, j'ai flippé. J'étais morte de trouille. Dès que je suis entrée, il s'est levé; j'ai cru qu'il venait vers moi pour m'en filer une, mais non, il s'est approché de la fenêtre, m'a tourné le dos et a demandé :

– Pourquoi?

Pourquoi quoi? Il en a de bonnes, lui! Il est fatigué ou quoi? On dirait que ça l'emmerde de poser sa question!

– Je répète, mademoiselle : pourquoi ?

Je me suis entendue répondre :

– C'est de la légitime défense, monsieur le directeur !

Il s'est détaché de son carreau et m'a dit :

– Quoi ! Tu te moques de moi en plus !

– Non... monsieur.

Je bafouillais, mais je voulais quand même lui expliquer :

– Toute cette histoire, c'est à cause d'Andrée. Elle a dit à Fabienne que les Arabes, c'était la dernière race après les crapauds. Comme Fabienne, c'est notre copine, eh bien, elle nous l'a répété. Alors avec Fathia, on est allées lui demander des explications, et là, elle nous a traitées de bougnoules et a dit que son père avait raison quand il disait que les Arabes sentent mauvais !

– Ah, oui ! Tu me la joues « drame raciste » pour trouver une excuse aux coups que vous lui avez donnés. Et la suite, c'est quoi ? Je t'écoute !

Pour le coup, je suis restée bête. Je ne lui racontais pas de mensonges ; j'étais sûre qu'Andrée avait dû, elle, lui raconter des conneries. J'ai continué quand même :

– Eh bien ! la suite, c'est qu'avec Fathia, on s'est un peu énervées ! Ce qu'elle a dit ne nous a pas plu, voilà, c'est tout !

De toute façon, valait mieux que je la ferme, parce que plus j'expliquais, plus il s'énervait.

– Chez vous, c'est ça s'énerver un peu ? a-t-il dit en criant. Elle a le visage marqué de coups ! C'est joli, pour des filles, de se battre, et en plus de s'y mettre à deux ! N'est-ce pas, mademoiselle ?

Je n'ai rien dit, ce n'était pas mon jour. Et puis, si je lui avais répondu qu'on était deux parce qu'elle nous avait insultées toutes les deux, il aurait cru que je me foutais de sa gueule. Alors, j'ai baissé la tête et j'ai attendu.

– Répondez, mademoiselle!

Il s'est rassis à son bureau et a ajouté, ironique :

– Pour vous il n'y aura qu'un avertissement. Andrée a dit que vous ne l'aviez pas vraiment frappée, à part une ou deux gifles! Quant à Fabienne, ses parents recevront également son avertissement, car si elle avait tenu sa langue, tout cela ne serait pas arrivé. Votre camarade Fathia a une semaine de renvoi... Retournez en classe, maintenant, et la prochaine fois, restez à votre place!

Je suis partie en colère. Ce n'est pas juste, pourquoi il lui a pas collé un avertissement, à Andrée? C'est trop facile! « Restez à votre place! », qu'il me dit, quelle place? Je n'en ai pas! Il est directeur de quoi, celui-là? D'un collège pourri et en plus il se croit supérieur à nous!

J'ai su par Fathia ce qu'Andrée avait dit au directeur, et comme elle était avec son père au moment où elle a raconté son histoire, eh bien elle a été crue. Voilà : soi-disant Fabienne, Fathia et moi, on la rackette depuis le début de l'année. C'est une enfoirée cette fille, et une sainte nitouche! C'est vrai qu'il y en a qui rackettent au collège, mais nous, ce n'est pas notre truc! Et je suis sûre que son père est d'accord avec elle! C'est même lui qui a dû lui donner l'idée. Il a une gueule de poivrot, celui-là! C'est un fou dangereux! À la cité, il dit à tout le monde que chez lui il a des armes et qu'un jour il débarrassera le Paradis de tous les « morpions qui bouffent le sang de la France »! Pourtant, il s'est déjà pris une grosse tête. À force de montrer sa teigne, il s'est fait coincer un soir qu'il rentrait chez lui. Tout avait été organisé pour que personne ne l'aide pendant qu'il prenait sa raclée. On raconte que c'est arrivé dans l'ascenseur; le temps d'atteindre son étage, il s'est fait corriger et déposer devant sa porte. Eh bien malgré cette « correction », il a continué à manger de la haine à tous ses repas. J'espère qu'un jour ça l'étouffera!

Avec toute cette histoire, on avait encore envie d'attraper Andrée à la sortie et de lui filer quelques torgnoles, mais on a fait mieux, on l'a mise en quarantaine. Presque personne ne lui parle et ceux qui en ont envie ont peur de Fathia. C'est vrai qu'elle fait plus que son âge (quatorze ans), on croirait qu'elle a dix-huit ans. Moi, à côté, on dirait que je suis sa petite sœur. C'est la meilleure punition qu'on pouvait lui refiler, à la Andrée. Elle n'a plus son petit sourire qui nous narguait; elle ne peut rien faire... Même si elle se plaint, personne ne dira quoi que ce soit. Elle est coincée, la belle Andrée, et ça va durer un moment pour elle! Puisqu'elle n'a pas été punie, on s'en est chargées! Normal!

La punition a été appliquée quand nous sommes revenues, Fathia et moi, de notre semaine de « congés ». Elle a peut-être cru qu'on avait oublié, ou pire, qu'on allait s'écraser. Elle a rêvé, la pauvre! Le premier jour de notre retour, on a mis notre plan en marche et depuis on ne l'entend plus. Nous aussi, ça nous a calmées un peu. Surtout moi, je n'ai plus envie de me retaper une semaine toute seule à la maison. Je n'ai pas arrêté de faire la ménage et, surtout, d'avoir la trouille. Tous les soirs en m'endormant je m'imaginais la trempe que je me prendrais si le KGB lisait le courrier. Heureusement pour moi, soit il ne rentrait pas dormir, soit il se levait vers midi.

Mais toutes ces histoires, en fin de compte, ça me gonfle. Je sais qu'au fond de moi je ne suis pas méchante, mais au collège, des fois, tu te sens obligée de faire des choses que tu n'aimes pas spécialement ou sinon tu te fais manger par les autres. Nous, avec Fabienne et Fathia, on ne s'est jamais laissées aller. C'est très important qu'on s'entende entre nous. On se connaît depuis trop longtemps pour que quelqu'un essaie de nous séparer avec des histoires. Parce que, des histoires, il y en a, au collège. C'est comme dans la cité, ça n'arrête pas! Tout le monde est au courant de ce qui se passe chez l'autre, et je suis sûre qu'il y en a certains qui doivent les inventer, pour faire du bruit et parler pour ne rien dire.

Le printemps est enfin là et il m'annonce que dans quelques mois je me tire de ce collège. Il commence à faire beau, le soleil est avec nous de plus en plus souvent. En attendant, la prof nous prépare à passer un examen. Elle a même fait venir une femme pour nous expliquer pourquoi cet examen était important pour nous. Il faut dire qu'elle a été gentille et patiente, parce que dans la classe, il n'y a pas que des lumières. Comme nous l'a souvent répété la prof, « d'un âne on ne fait pas un cheval de course! » Bref, c'est un examen de passage pour entrer dans un LEP, plus exactement un lycée d'enseignement professionnel, pour apprendre un métier et passer à la fin des trois années un CAP. Cette dame est revenue plusieurs fois pour nous prendre un par un dans son bureau et nous demander ce que l'on voulait faire (si on réussissait l'examen de passage, bien sûr).

C'est mon tour.

– Alors, Samia, dis-moi, qu'est-ce que tu aimerais faire comme métier ?

Je lui réponds, et c'est la vérité :

– Je n'en sais rien, madame. Je ne sais pas ce que je peux faire, je ne me suis jamais posé la question.

– Tu as bien une petite idée... Quand on est petite on dit toujours : « Quand je serai grande, je ferai ceci ou cela. » Allons ! tu dois bien avoir fait ça, toi aussi. Souvent les petites filles disent : « J'aimerais être infirmière ou institutrice... » Je sais que tu n'es plus une petite fille, mais c'était pour te donner un exemple.

Elle a dû voir ma tête pour rajouter ça à la fin de sa phrase.

– C'est vrai, peut-être que lorsqu'on est petite on dit ce genre de conneries, mais de toute façon je ne me rappelle pas avoir voulu être institutrice. Passer toute sa vie dans une école, il ne faut pas être clair. Même si on me payait, je n'y resterais pas ! Et puis, je ne me rappelle plus ce que je disais quand j'étais petite, je ne crois pas que je pensais à un métier.

– Écoute, me dit-elle, j'ai devant moi une feuille sur laquelle tu dois inscrire les trois métiers que tu aimerais apprendre dans un LEP. Suivant les points que tu auras obtenus à ton examen, tu pourras apprendre le premier métier que tu auras inscrit, puis le deuxième ou le troisième.

– Je comprends pas bien, madame, l'histoire du premier, du deuxième ou du troisième métier.

– Je vais te donner un exemple : mettons que ton examen soit noté sur cent points; si tu as quatre-vingts points et que tu veux être employée de bureau, tu iras dans un LEP où tu apprendras le métier de secrétaire. D'accord ?

Je lui fais oui d'un signe de tête. Elle continue :

– Si tu as moins de points, tu iras dans un LEP où tu apprendras le deuxième métier. Cela peut être vendeuse, ou fleuriste, je ne sais pas, moi, on regardera la liste tout à l'heure.

Je lui demande :

– Et si on a encore moins de points, qu'est-ce qui reste comme métier ?

Elle me répond :

– Tu pourras être employée de collectivité.

– C'est quoi, ça ?

– Employée de collectivité, c'est une personne qui travaille dans un centre pour enfants, pour personnes âgées... Une collectivité, c'est un endroit où plusieurs personnes habitent ensemble. Dans ce lieu, certains sont employés à entretenir les locaux, à faire la cuisine... tout ce qu'il faut pour que les gens ou les enfants qui y résident soient bien. Tu comprends ?

– Oui, madame, j'ai bien compris, vous voulez dire « femme de ménage ». Il faut un CAP et rester trois ans dans un lycée pour faire ce métier ?

Moi, je sais que dans ce cas, je préfère rester chez moi. C'est vrai, quoi, nous aussi à la maison on est une collectivité. J'aurais pas besoin d'avoir un CAP pour devenir une employée de collectivité.

– Non ! Non ! Non ! Non ! madame ! Il ne me plaît pas ce troisième métier, on ne le met pas sur la feuille.

Elle est gentille, mais je sens qu'elle commence à s'énerver :

– Alors, qu'est-ce que tu veux inscrire ? Et puis, je tiens à te dire quand même, pour que tu le saches, qu'employée de collectivité, ce n'est pas uniquement faire le ménage. On apprend aussi à composer des menus, à connaître les mesures d'hygiène indispensables pour éviter les microbes, surtout quand on est nombreux, et plein d'autres choses : la législation du travail, entre autres, également des maths, du français...

Elle continue son baratin, mais je m'en fous, moi, des employées de collectivité. Je sais que je ne veux pas faire ce métier, c'est tout ! Elle me regarde, elle attend.

– Vous savez, madame, moi j'aimerais avoir seize ans pour ne plus aller dans aucune école. Voilà ce que j'aimerais.

– Et qu'est-ce que tu ferais, dis-moi un peu ?

– Rien, j'ai envie de rien faire.

– Tu resterais chez toi, à faire le ménage avec ta mère ? C'est toi qui l'as dit... Et après, toute ta vie tu resteras chez toi ? Ce n'est pas possiblc... Maintenant, il te faut apprendre un métier pour avoir un salaire. Tu ne vas pas rester toute ta vie chez tes parents ?

J'en ai marre de cet entretien ! Qu'est-ce que j'en sais, moi, de ce que je vais faire ? Je lui dis :

– En tout cas, je ne veux pas être employée de collectivité.

– Je ne t'ai jamais dit qu'il n'existait que ce métier, et puis de toute façon ce sera en fonction de tes capacités. D'accord ? Maintenant nous allons remplir la fiche d'inscription pour l'examen, ainsi que ta fiche de vœux.

C'est des drôles de vœux, ça ! Moi, quand je fais un vœu je demande à rencontrer mon acteur préféré. Si je suis énervée, je demande soit qu'on déménage du Paradis, soit que le KGB soit moins méchant... des trucs super, quoi !

Je l'entends qui me demande :

– Ça y est, tu as réfléchi ?

– Oui, en premier vous mettez employée de bureau, en deuxième vendeuse et pas de troisième, voilà !

– Samia, dit-elle, un peu énervée, il faut que tu inscrives un troisième choix, tu as bientôt quatorze ans, tu n'as pas encore l'âge d'entrer dans la vie active. L'école est obligatoire jusqu'à seize ans, donc si tu réussis l'examen de passage, il te faudra aller quelque part !

– Je préfère le rater et aller en quatrième SES. Attendre que j'aie seize ans pour partir. C'est soit les deux premiers métiers que j'ai dits ou rien. Et de toute façon je m'en fous, parce que même ces métiers, ils ne me plaisent pas !

Là, je sens qu'elle sature vraiment. Elle me regarde, met la feuille devant moi et me dit :

– Bon, d'accord, maintenant tu signes là, en bas, en mettant la date d'aujourd'hui.

Je le fais et me lève pour partir.

– Au revoir, madame.

J'espère qu'elle va pas me faire le coup de rajouter employée de collectivité une fois que je serai partie. Elle peut mettre ce qu'elle veut, je n'irai pas, mais je sais aussi que j'ai intérêt à réussir cet examen de passage. Je ne veux pas rester dans ce collège, je le déteste trop, mais je ne veux pas non plus être femme de ménage.

Depuis, j'ai travaillé tous les exercices que la prof nous a donnés. Je voulais l'avoir, cet examen. Même les maths je les ai faites. D'habitude, je m'arrangeais avec Fathia. Toute l'année elle m'a fait mes exercices de maths et moi ceux de français, la prof ne s'est jamais rendu compte de rien.

Et je l'ai eu, cet examen de passage! Je pense même que j'ai dû obtenir les quatre-vingts points puisque j'ai été acceptée au LEP pour être employée de bureau. Le seul problème, c'est que ce lycée se trouve au moins à dix kilomètres du Paradis... Mais on verra ça plus tard, à la rentrée. En attendant c'est l'été, il va y avoir la plage avec mes copines et mes sœurs, et surtout, je ne mettrai plus les pieds dans ce collège pourri. D'ailleurs, la dernière semaine de juin, le collège et l'école primaire ont été saccagés. Un vrai massacre. C'est peut-être dommage pour l'école primaire parce que c'est celle des petits, mais je suis bien contente que le collège soit démoli. Il paraît que tout a été cassé, même les poêles à mazout... Il ne reste plus qu'à mettre le chauffage central, choisir enfin de belles couleurs et repeindre tout! Ça va être sympa pour ceux qui arrivent en septembre. Quoique! Il y aura toujours les mêmes professeurs, alors...

C'est le délire plage! Tous les après-midi, on est à la mer, mes copines, mes sœurs et moi. Foued part de son côté avec sa bande, mais on se retrouve au même endroit. Quelquefois, Malik nous accompagne. Là, j'adore parce qu'il s'occupe de nous apprendre de nouvelles choses, à mieux nager, par exemple. On fait des parties de volley, les garçons contre les filles. Quand Malik est là et qu'il fait l'arbitre, les garçons la ramènent moins, surtout Foued. Mais ça ne l'empêche pas de ronchonner. C'est normal, quand Malik est là, il perd sa place de chef. Moi, ça me plaît de le voir râler, ça remet les pendules à l'heure.

J'aime les vacances, et la mer. Pendant cette période je me sens toujours libre, plus de collège, plus de profs et deux mois entiers à ne rien faire, uniquement s'amuser.

Mais pour avoir droit à la plage il faut d'abord que chacune de nous fasse la partie de ménage qui lui revient. Ma mère n'a jamais été à l'école mais c'est une professionnelle de l'organisation. Tous les matins, avec mes sœurs, on s'active juste après le petit déjeuner. Ma mère est une maniaque de la propreté. Pendant qu'elle s'en va faire les courses, Géronimo prépare le repas. Il arrive qu'elle accompagne ma mère, mais elle ne sort jamais seule. Géronimo a une peur bleue de tout ce qui est voiture.

Le nettoyage de la cuisine après chaque repas est lui aussi organisé. Moi je suis en duo avec Naïma, Samira l'est avec Kathia. Pour clore le tout, le dimanche matin, pendant que d'autres vont à la messe (quoique au Paradis il ne doit pas y en avoir beaucoup), nous, on fait le ménage en grand. On sort tout ce qu'il y a des placards et allons-y pour le grand nettoyage! Si c'est notre semaine de repassage, alors là, on en a pour la journée à marner! J'ai horreur des dimanches et du repassage. C'est un vrai calvaire de se taper le linge de toute la famille et on est dix à vivre ensemble. C'est bien simple, il y a quatre semaines dans un mois et nous on est quatre filles; ça va, on est juste assez pour remplir le mois! Amel y échappe parce qu'elle travaille toute la semaine.

Ce n'est pas de travailler à la maison pour aider ma mère, qui, elle non plus, n'arrête pas, qui m'énerve, c'est de voir les garçons se les rouler et ne rien faire, même pas un petit coup de balai. Je crois que les mots « ménage » et « aide » ne font pas partie de leur vocabulaire. Même Malik ne lève jamais le petit doigt; comme les autres, il se fait servir et ne dessert jamais la table. Je râle, je dis à ma mère que ce n'est pas juste et que la moindre des choses serait qu'ils fassent au moins leur chambre. Mes sœurs s'y sont mises aussi, à râler. Ma mère nous a répondu qu'ils ne savaient rien faire et que de toute façon, c'était des garçons. Alors, pour nous faire taire, elles s'y mettent, avec Géronimo, à ranger la chambre des garçons, et comme on culpabilise de les voir travailler, on va les aider. Les garçons ne sont jamais effleurés par un sentiment de culpabilité quand ils voient ma mère et Géronimo autour de leur lit. Pour eux, c'est normal. Plus je grandis et plus je me dis que c'est plus intéressant d'être un garçon. C'est plein d'avantages, surtout quand ma mère nous dit que c'est bien pour une fille de savoir tenir une maison, pour le jour où elle se mariera!

Géronimo va bientôt partir, sans doute qu'à la fin de l'été elle retournera en Algérie. C'est dommage, on s'est bien habitués à elle, à sa présence auprès de nous. Même si des fois on lui a fait des coups pour la taquiner, elle a toujours joué le jeu, sauf une fois où elle s'est vraiment mise en colère. C'est Foued qui a eu l'idée, on a bien ri mais pas Géronimo, ni le cousin d'Algérie qui passait nous saluer le temps de ses vacances en France et donner à Géronimo des nouvelles de ses enfants.

C'était la fin de l'après-midi, ma mère était dans la cuisine, son quartier général, mes deux frères et mon père dehors, Géronimo et le cousin discutaient dans le séjour. À un moment donné, ma mère a appelé Géronimo pour qu'elle l'aide un instant, et le cousin en a profité pour aller aux toilettes. Foued s'est ramené dans le salon et a posé sur la petite table basse de la pièce une bande dessinée que lit mon frère Yacine. Le KGB a des lectures spéciales, genre pornographique. Ma mère a beau piquer des crises de nerfs quand elle les trouve, planquées sous le matelas, et les jeter à la poubelle, il n'empêche qu'elles réapparaissent toujours.

Donc Foued a posé le livre, ouvert sur une page bien cochonne, et il est parti se cacher derrière la porte, avec nous qui l'attendions pour être sûres de bien voir la réaction de Géronimo et du cousin. Géronimo est revenue la première, elle n'a pas fait attention au bouquin ouvert, mais quand le cousin s'est installé sur le fauteuil, l'ambiance a changé. Tout d'un coup, il était comme coincé. Nous, derrière la porte, on commençait à rigoler, on voyait bien que le cousin avait envie de se lever pour partir, mais il ne pouvait pas : qu'est-ce qu'il aurait dit à Géronimo ? En plus, sa tête se levait, se baissait et ses yeux regardaient dans tous les sens. Géronimo le suivait du regard et apparemment se demandait ce qu'il lui arrivait. Nous, on était écroulés. Puis on a vu les yeux de Géronimo se poser sur le livre, elle a regardé le cousin qui était encore plus mal, la tête sur ses genoux. Elle a pris le livre, l'a approché de ses yeux et là, on a entendu un cri. Elle a lâché le livre comme s'il avait la peste, s'est mis les mains sur la tête ; elle est partie à toute vitesse, et en criant, rejoindre ma mère dans son quartier général pour lui raconter l'histoire. Le cousin, lui, est resté assis dans le fauteuil. Il a pris la BD et l'a feuilletée. Il n'avait plus honte. Au contraire, il savait que Géronimo n'était pas près de revenir dans le salon, donc il prenait son temps. On a vu qu'en fin de compte, ça lui plaisait bien ce genre de livres et que même il devait les connaître.

Il a eu le temps de le jeter quand ma mère est arrivée. Elle a pris la BD, l'a mise en morceaux en gueulant après Yacine, s'est excusée auprès du cousin qui a répondu que ce n'était pas bien grave (encore heureux vu le pied qu'il s'est pris, cet hypocrite, en regardant le bouquin !), et elle s'est dirigée tout droit vers la porte où on était cachés. Elle nous a engueulés, je dirais même qu'elle a crié plus que d'habitude. C'est vrai qu'elle était en colère, mais elle voulait montrer au cousin non seulement son autorité, mais aussi son désaccord. Le cousin est resté assis à sa place, ma mère lui a resservi du café et des petits gâteaux, Géronimo est revenue s'asseoir pour mieux reprendre la conversation. Avec Foued on est vite descendus jouer tandis que Naïma et Samira rejoignaient ma mère dans sa cuisine.

Mais l'histoire ne s'est pas arrêtée là. Le soir, ma mère a fait le rapport à mon père qui a attrapé le KGB. Il en a pris pour son grade et il s'est lui-même vengé, après, sur Foued. Bonjour la soirée ! On était dans nos petits souliers, mon père a dit au KGB que tout était sa faute, que s'il ne lisait pas ces « livres de Satan » (c'est mon père qui les appelle comme ça), les plus jeunes n'auraient pas eu cette idée.

On ne l'entend pas souvent, mon père, mais quand il s'y met, tout le monde se tait. Il faut dire qu'il a toujours été à cheval sur la question des livres. Il n'a jamais lu avec nous, mais il aime qu'on le fasse. Je me souviens d'un jour où je lisais une BD du genre roi de la jungle, Tarzan qui vit avec les animaux, pour les animaux, et presque comme eux. J'étais tranquillement installée sur le fauteuil et je me demandais quand ses copains animaux allaient venir le délivrer des méchants. À ce moment-là, j'ai vu la tête de mon père surgir au milieu du carré dessiné. Ce n'était pas vraiment lui que j'attendais.

– Qu'est-ce que tu lis, Samia ?

Mal, j'étais, parce que je savais que c'était un

livre interdit, pas vraiment le genre de lecture qui lui plaisait. En plus, lui expliquer en arabe l'histoire de Tarzan, je ne m'en sentais pas vraiment capable.

– Alors, qui c'est celui-là ? me dit mon père en appuyant fort sur la tête de Tarzan qui n'était toujours pas délivré par ses copains.

– Eh ben, c'est... Tarzan !

Et celle que je craignais arriva.

– Tiens ! Prends-toi ça en attendant ! me dit-il en me collant une beigne.

Je me suis levée vite fait, j'ai couru avec ma main collée sur la joue, ça brûlait, je pleurais. J'ai rejoint ma mère dans la cuisine. Mon père m'y a trouvée, cachée derrière elle.

– Regarde, mais regarde un peu ce que lit ta fille ! Au lieu d'ouvrir ses livres de classe, elle lit des histoires où il y a des hommes nus. C'est bien ça ? Dis-moi ?

– Laisse-la, maintenant, elle a compris, elle ne recommencera plus. Et puis ce n'est pas trop grave, c'est des histoires pour les enfants, répond ma mère.

Qu'est-ce qu'elle n'a pas dit là ! Ça l'énerve encore plus.

– Ah ! Toi aussi tu t'y mets ! Pourquoi ? Tu les connais, ces histoires ? Tu sais mieux que moi, maintenant ? Vois ce que ta fille avait entre les mains quand je l'ai attrapée.

Et il jette la BD par terre. Ma mère ne sait pas lire, mais elle connaît Tarzan et elle sait que ce n'est pas les mêmes bouquins qu'elle trouve planqués sous les matelas de mes frères. Mais mon père ne fait pas la différence. Pour lui tous les livres avec des images sont sataniques.

Il est parti en gueulant. Ma mère m'a quand même dit que ce n'était pas bien de lire ces livres, et Tarzan a atterri à la poubelle. Je n'ai pas pu savoir s'il s'en était sorti, si ses copains l'avaient délivré ou pas, mais je me doute qu'ils ont dû arriver à temps. Il s'en sort toujours, celui-là.

J'avais dix ans quand cette histoire m'est arrivée, alors depuis, quand je veux lire une BD et que je sais mon père dans les environs, je mets la BD dans un livre de classe et je fais mine d'étudier. L'exigence de mon père, c'est de nous voir lire, mais seule... Je crois qu'en fin de compte, il est fier de nous ou de lui quand il nous voit un bouquin « normal » à la main.

Lui aussi, je le vois souvent lire, mais je ne comprends pas ce qu'il lit, ses livres sont tous écrits en arabe. J'ai demandé à ma mère ce qu'il lisait tout haut, sur le balcon l'été ou devant le radiateur de l'entrée l'hiver. Elle m'a expliqué qu'il est bon, lorsqu'on croit en Dieu, de prendre le livre de prières et de le lire à haute voix dans sa maison. Moi j'aime l'écouter, ça m'impressionne toujours, on dirait qu'il chante.

Des fois, il remplace le livre de prières par son chapelet, qu'il fait passer entre ses doigts en continuant à prier. J'aime regarder mon père dans ces moments-là! Je le trouve beau et sage, habillé de son sarouel et de sa longue djellaba blanche.

Mon père a une autre exigence : les informations télévisées. Il veut toujours quelqu'un près de lui pour les traduire, et ce n'est pas facile, par exemple quand c'est la bagarre entre la droite et la gauche, qu'à tel endroit c'est la guerre et pourquoi ils se battent. Moi, je n'arrive pas à me l'expliquer, alors le faire en arabe, c'est une autre histoire! Pourtant, mon père comprend bien le français, mais ce n'est pas celui que l'on parle à la télé. Et nous, il y a des mots que l'on ne sait vraiment pas traduire. Le meilleur traducteur, c'est le KGB, mais il n'est jamais là quand il faut, celui-là. Ma sœur Naïma ne s'en sort pas trop mal, mais moi je suis nulle. Je cherche mes mots pendant une heure et le présentateur est déjà passé à autre chose lorsqu'enfin j'arrive plus ou moins à expliquer, et puis ça ne m'intéresse pas vraiment.

Mon père dit que les informations, c'est très important, et il nous répète, pour nous convaincre peut-être :

– Regardez et écoutez, c'est là que vous apprendrez le monde !

Quel monde ? Celui des informations ne me branche pas spécialement, c'est toujours des catastrophes. Mes sœurs non plus n'aiment pas. Dès que la pub est terminée, on se lève toutes rapidement avant que mon père n'arrive. La moins rapide se fait coincer, pendant que les autres rigolent. Mais mon père a sa combine pour éviter qu'on se barre vite fait. Il rapplique dans le séjour dès qu'il entend le générique des infos et, des fois, il vient même avant pour nous obliger à écouter. Ce qu'il faut, c'est trouver le moment où la pub se termine, quand le générique n'est pas encore lancé. C'est dans cet intervalle qu'on peut échapper et aux infos et au père.

Amel rentre ce soir en claquant la porte et se réfugie vite dans sa chambre. Le KGB suit en courant, il se reçoit la porte dans la figure. Il tambourine comme un fou :

– Ouvre, Amel ! Dépêche-toi ou je défonce la porte !

– Fous-moi la paix, laisse-moi tranquille! J'en ai marre de toi!

Ma mère arrive et demande ce qui se passe.

– Tu veux savoir ce qui se passe? lui répond le KGB.

Ma mère hoche la tête, mais de toute façon le KGB ne la voit pas. Il continue.

– Le fils de Battuidine l'a vue se promener bras dessus, bras dessous avec un homme. Tu te rends compte! Devant tout le monde, mademoiselle se balade!

Il est en rage, ce n'est pas possible! Je ne l'ai jamais vu comme ça. Nous sommes tous là autour à regarder, nous avons peur. Je le sens, c'est grave ce qui se passe aujourd'hui. On se fait petits et on ne la ramène pas. On entend Amel à travers la porte :

– Tu diras à ce connard de fils de machin qu'il s'occupe de ses affaires, qu'il aille un peu regarder ses sœurs! Et puis merde à la fin, je ne faisais rien de mal!

– Ouvre! crie le KGB. Justement, les sœurs de Battuidine, elles ne bougent pas, elles! Dès qu'elles sortent du boulot, elles rentrent directement chez elles. Alors, dépêche-toi, ne m'énerve pas plus ou je casse cette porte!

Ma mère essaie de le retenir :

– Laisse, ton père s'occupera d'elle quand il rentrera. Ne t'énerve pas, mon fils.

– Mais maman, tu ne te rends pas compte! J'ai perdu la face quand Battuidine est venu me dire qu'il l'avait vue en ville. C'est la honte pour nous, pour notre famille, en plus avec un Français!

Là, il se retourne, fonce sur la porte et se jette sur Amel. J'entends un cri et le KGB enragé disant :

– Tu es une pute, je vais te tuer! Tous les gens rigolent de nous maintenant. Je vais te démolir la gueule! On verra si tu auras encore envie de te balader avec des hommes!

Il se déchaîne sur Amel. Ma mère essaie de se mettre au milieu, mais sans trop insister. C'est bizarre, je ne la reconnais pas. Elle qui d'habitude ne supporte pas les disputes et les bagarres, là, je la sens comme ailleurs. Peut-être qu'elle se demande ce qu'elle doit faire. Je ne sais pas.

C'est l'horreur, le KGB continue à frapper Amel qui crie et pleure. Je ne sais pas ce qu'on attend, on est là, plantés dans le couloir comme des statues. Ma mère tire enfin le KGB hors de la chambre, on se pousse pour le laisser aller, on dirait qu'il brûle de l'intérieur...

Quand il passe devant nous, j'ai très peur, et d'entendre les pleurs d'Amel me le fait haïr.

Naïma entre dans la chambre et s'occupe d'Amel. Elle l'allonge, lui lave le visage. J'ai l'impression qu'elle ne s'arrêtera plus de pleurer.

Ma mère nous appelle pour qu'on l'aide à la cuisine. On ne se le fait pas dire deux fois, c'est pas le jour. L'autre est assis dans le fauteuil et tremble de rage de la tête aux pieds. Même Foued vient dans la cuisine; on lui aurait filé du boulot que, pour une fois, il l'aurait fait.

Naïma écoute Amel pleurer et parler toute la soirée, elles sont comme cachées dans la chambre. Je suis sûre que si Géronimo avait été là, le KGB n'aurait pas touché Amel. Elle n'aurait pas laissé faire ça et il l'aurait écoutée. Tandis que ma mère, le KGB ne l'écoute pas. Il fait ce qu'il veut.

Remarque, elle n'a pas cherché à être écoutée... Depuis ce soir, je ne la reconnais plus, ma mère, je ne comprends pas pourquoi elle n'a pas empêché davantage le KGB... Géronimo n'est plus là, elle a rejoint ses enfants, et moi, pour la première fois, je trouve que tout est cassé dans la maison. Je sens que ce ne sera plus comme avant. L'œil de Moscou y veillera.

Dès que mon père rentre, ma mère le prend à part, toujours dans la cuisine, et lui raconte tout. Le KGB les rejoint et rajoute sa sauce. Mon père lui dit :

– Tu as bien fait, mon fils! (L'autre ne se sent plus : il a eu raison de frapper.) Je m'occuperai d'elle demain.

Ma mère dit quand même :

– Tu ne crois pas que ça suffit? Yacine lui a déjà fait son affaire, je suis sûre que maintenant elle a compris et qu'elle ne recommencera plus!

– Non, répond mon père. Et demain elle n'ira pas travailler, elle restera ici avec toi!

– Mais elle ne peut pas Si elle ne va pas travailler, son patron va la renvoyer..., répond ma mère.

– Ça suffit! Si elle est renvoyée eh bien elle restera à la maison! Si elle profite du travail pour sortir avec des hommes et devenir une traînée, ce n'est pas la peine. Je l'enfermerai s'il le faut, mais elle ne nous fera pas perdre la face devant les gens. On n'en parle plus maintenant et ce sera comme j'ai dit!

Le KGB sort de la cuisine, content, fier de lui; il a eu raison de défendre l'honneur de la famille.

Le lendemain, la question concernant Amel est réglée. Quand elle se voit dans la glace, elle pousse un cri et se remet à pleurer. Son visage est gonflé, les deux yeux sont noirs, ce n'est vraiment pas l'idéal quand on est caissière!

Naïma appelle le médecin, qui prescrit un arrêt de travail. Je crois qu'à un moment, il veut rester seul avec Amel dans la chambre, mais le KGB l'en empêche. Il reste près d'eux pendant tout le temps de la visite. Amel ne peut rien dire. De toute façon, elle n'arrête pas de pleurer. Le médecin lui prescrit des somnifères. Il a comme hâte de partir et c'est ce qu'il fait rapidement, sans poser de questions.

Malik rentre enfin à la maison. Ça aurait servi qu'il soit là hier soir, il n'aurait pas dit devant nous au KGB qu'il avait tort, mais il se serait mis au milieu. Je sais, par Foued, qu'il lui a dit que c'était dégueulasse d'avoir mis Amel dans cet état (quand même!) et que le KGB a répondu que ce n'était pas ses oignons puisqu'il n'était pas là, et que le père lui avait donné l'autorisation de continuer. Il paraît que Malik n'a rien dit, qu'il est sorti pour aller voir Amel, toujours dans son lit. Ils ont parlé un moment ensemble et il a de nouveau disparu.

Il est de moins en moins à la maison. Ma mère ne lui demande même plus où il passe ses nuits; elle sait qu'il reviendra au moins pour se changer, puisque ses affaires sont toujours là.

Le soleil est gris depuis ce jour-là. Amel est restée à la maison le temps de dégonfler et de reprendre ses vraies couleurs. Il a fallu quand même quinze jours!

Pendant tout ce temps, le KGB en a profité plus que d'habitude, il faisait le maître de la maison. Quant à mon père, il était rassuré, la relève était là. Et au moment des informations, l'œil de Moscou lui en assurait la traduction. Je ne les ai jamais vus aussi proches.

Amel ne parlait plus, elle aidait ma mère dans les tâches quotidiennes et tous les soirs, après le repas, elle partait dans sa chambre. Une fois, pourtant, ça a failli encore dégénérer. Amel était dans la cuisine, elle aidait ma mère à servir le repas du soir. Elle nous a servis mais a fait semblant d'ignorer l'assiette que lui tendait le KGB. Il s'est levé et lui a dit :

– Maintenant, tu me sers! T'as compris?

Silence! Amel n'a pas répondu. Nous, on regardait, la crainte dans les yeux et la peur que ça recommence. Ma mère a vite saisi l'assiette du KGB et l'a remplie en prenant soin de se mettre entre les deux.

– Assieds-toi mon fils, ta mère va te servir et tu vas bien manger, tu verras, lui a-t-elle dit en le poussant vers sa chaise.

Il s'est laissé guider, mais sans quitter des yeux Amel qui, elle, continuait à nous servir ou plutôt à remplir nos assiettes. Elle tremblait mais essayait de faire l'indifférente. Elle est folle de faire ça, j'ai eu peur pour elle! Mais l'autre s'est mis à manger. Ma mère insistait pour lui mettre le nez dans son assiette afin qu'il ne fixe plus Amel de ses yeux noirs et méchants.

– Mange, mon fils, ça va refroidir et ce ne sera plus bon! Allez, mange et calme-toi, c'est ta mère qui te le demande!

Rassurée de voir son fils manger, elle s'est tournée vers Amel est l'a engueulée :

– Quand ton frère te demande de le servir, tu le fais, t'as compris!

– Il faudra d'abord me couper un bras alors, parce que jamais je ne le servirai!

Le KGB l'a regardée fixement. Ma mère a répondu :

– Tu devrais te taire! Avec les histoires que tu nous as rapportées tu te permets en plus de parler et de ne pas être d'accord! C'est ton frère aîné. S'il te demande quelque chose, tu le fais. Comme si c'était ton père qui te le demandait.

– Mais justement, ce n'est pas mon père, lui!

– Arrête, Amel! Tais-toi! J'en ai marre de toutes ces histoires; et tu fais comme on te dit. C'est comme ça chez nous!

Amel n'a plus rien dit. Elle s'est assise et a fait mine de manger.

Moi, j'étouffe dans cette ambiance, je ne la supporte plus et je sens que c'est la même chose pour mes sœurs.

Mon père est rentré, comme à son habitude, après la bataille, mais cette fois, rien ne lui a été rapporté, et Amel a regagné sa chambre.

Depuis qu'Amel a repris son travail la tension s'est relâchée. Il y a toujours cette ambiance qui fait que maintenant rien ne sera plus comme avant, mais moi, en tout cas, je respire mieux. Elle a dû quand même remettre ses horaires à mon père qui a chargé le KGB de contrôler s'ils étaient exacts. Alors, de temps en temps, Amel trouve à la sortie du boulot le KGB qui remplit sa mission. Il est là, elle le voit, ne lui adresse pas la parole et rentre directement à la maison.

La fin des vacances a vraiment été « magnifique », j'ai même regretté le collège! Il faut le faire! Je n'en reviens pas moi-même. Mais bon, c'était juste un petit passage... Nous avons continué à nous rendre à la mer et à bien profiter du soleil. Puis la rentrée a tiré sa sonnette, mes sœurs ont rejoint leur lycée, Foued a pris ma relève en SES au collège bien-aimé et moi, j'ai pris la direction du LEP pour devenir employée de bureau.

J'avoue que je n'ai pas du tout pensé à cette rentrée, même pas à ce que pouvait être un LEP et, bien sûr, j'ai eu un choc. Je passe sur les détails du trajet, bien que je sois obligée de prendre deux bus pour aller dans ce lycée qui se trouve à l'autre bout de la ville, quinze kilomètres en tout. Bonjour la galère tous les matins! Ce qui m'a frappée surtout, c'est le gigantisme de ce lycée, j'ai eu l'impression d'être dans une usine. On ne peut pas dire, mais ça me change du collège et, en classe, nous sommes presque quarante élèves. Je suis complètement paumée. Au collège on était quinze, grand maximum, dans chaque classe et là, il y a du monde qui grouille dans tous les sens.

Pour que cela soit pratique pour moi, il faudrait que je mange à la cantine, mais quand j'ai ramené les prix à la maison ma mère a sauté au plafond en disant que cela coûterait trop cher. Alors, j'emmène mon sandwich tous les jours et je mange en déambulant toute seule dans le quartier.

Je ne le sens pas, ce LEP, je ne sens rien du tout, c'est trop la galère, cette histoire. Je n'ai pas envie de prendre ces bus tous les matins et de manger seule tous les midis, ce métier d'employée de bureau ne me plaît pas. Si je dois faire tout ce cirque pour un métier que je sens que je n'aimerai pas, eh bien je préfère rester chez moi.

Au bout d'une semaine, j'ai dit à ma mère que je ne voulais plus aller dans ce lycée. Sur le coup, elle ne m'a pas répondu, mais j'ai senti qu'elle n'était pas contre. Il faut dire que les trajets en bus reviennent cher. La semaine suivante, je suis restée à la maison avec ma mère jusqu'à ce qu'elle se décide un matin à me dire :

– Dis, Samia, il faut que tu trouves quelque chose.

– Mais quoi, maman ?

– Je ne sais pas moi, ce que tu veux, mais il faut que tu apprennes un métier.

– Je ne sais pas quoi faire, il n'y a rien qui m'intéresse, je n'ai pas d'idées.

– Mais ma fille, tu es obligée, tu n'as pas le choix. Tu apprends un métier et ça te fait un bagage dans la vie. C'est comme je te dis, ma fille, un bagage!

Quel bagage? Je n'ai pas envie de retourner dans un LEP. Je n'aime pas ce genre d'écoles qui ressemblent à des usines. Et puis ça m'étonne que ma mère insiste. D'habitude, elle ne me parle jamais d'école. Comme je ne dis rien, elle revient à la charge :

– Alors, on fait comme ça. Demain matin on se lève, on fait le ménage et on part te chercher une école, d'accord?

– Mais maman, pourquoi tu insistes? Tu ne m'as jamais rien demandé sur l'école et aujourd'hui tu me dis qu'il me faut un bagage. Tu parles d'un bagage! Je sais pourquoi tu veux que je retourne à l'école, c'est pour les allocations familiales et la bourse, mais moi, je n'en ai rien à faire, et toi, s'il n'y avait pas l'argent, je suis sûre que tu m'aurais gardée avec toi à la maison. Ce n'est pas vrai?

Elle me répond, très énervée :

– C'est vrai que nous avons besoin des allocations familiales pour vivre. Et la bourse, je l'ai toujours utilisée pour vous. Je vous ai toujours habillés en vous achetant ce que vous vouliez. Mais il n'y a pas que ça. Il te faut un métier, Samia. Tu ne vas pas rester toute ta vie à la maison? Moi, si mon père m'avait instruite, je ne serais peut-être pas là, si j'avais eu la chance d'aller à l'école je ne me serais pas fait prier, alors profite de cette chance que toi et tes sœurs vous avez. De toute façon, demain matin, on ira chercher une école. Je veux que tu apprennes un métier. Et ton père le veut aussi!

Tu parles! Il n'est même pas au courant du pourquoi et du comment. A moins qu'ils en aient parlé tous les deux, je ne sais pas. Il ne m'a même pas demandé pourquoi cette semaine j'étais là au lieu d'être à l'école comme mes sœurs.

Comme prévu, ce matin, après le ménage évidemment, on part chercher une école. Ma mère croit qu'on trouve une école comme on va aux commissions. Je suis énervée et je n'ai envie de rien. Mais ma mère est décidée et je sens qu'elle ne reviendra pas en arrière. J'essaie quand même en lui disant que je ne sais pas où aller, ce qui est vrai, que je n'ai pas d'adresses et tout ce que je peux trouver pour me défiler. Pour toute réponse elle m'amène à la poste et me montre l'annuaire. Je reste bête;, elle avait tout prévu, je ne m'y attendais pas et je n'y aurais même pas pensé. Elle me dit :

– Voilà, tu sais lire, hein ? Eh bien là-dedans, je suis sûre que tu trouveras toutes les adresses des écoles. Et ne me dis pas que tu ne peux rien trouver, je vous ai vus faire à la maison : quand vous cherchez un numéro de téléphone, vous le prenez là-dedans, je reconnais le livre, c'est le même. Allez vas-y, dépêche-toi!

Je n'ai pas le choix et, une à une, je relève les adresses, mais c'est surtout des écoles privées, je n'ai trouvé qu'un LEP qui ne soit pas trop loin de la cité. Je le dis à ma mère :

– Tu sais, maman, je n'ai trouvé qu'un lycée gratuit qui n'est pas trop loin et où je peux apprendre un métier. Toutes les autres c'est des écoles payantes...

Je sais qu'elle ne me mettra pas dans une

école privée, c'est trop cher et, dans ce cas, il vaut mieux que je reste dans l'autre LEP. Mais ma mère me répond :

– On va tous les faire, relève bien les adresses!

Je sais à sa réponse qu'elle est vexée; elle n'a pas supporté que je lui parle des allocations familiales et de la bourse. Elle est prête, rien que pour ça, à me payer une école privée. La poisse! Je termine la liste et la lui montre. Elle la prend et la met dans son sac.

– Maintenant, on rentre à la maison, je vais préparer le repas et cet après-midi on va voir ces écoles!

Pendant tout le chemin je n'ai pas dit un mot. Ma mère a vu que je faisais la gueule, mais l'a ignoré.

Le repas, le ménage sont terminés et nous voilà à la recherche d'une école. Je ne le crois pas, je n'arrive pas à me mettre dans la tête que ma mère a la liste dans son sac et que je suis obligée de trouver un lycée! Je suis démontée!

On en a fait trois cet après-midi, essentiellement des écoles privées. À toutes les trois j'ai raconté n'importe quoi, en fait j'ai surtout traduit n'importe quoi à ma mère. Du style qu'ils ne préparaient pas au CAP et que c'était des écoles qui ne prenaient les élèves qu'après le bac. Mais qu'est-ce que je n'ai pas dit là! Ma mère m'a demandé ce que c'était, je lui ai répondu que c'était l'examen que mes sœurs allaient sûrement avoir plus tard. Elle m'a alors demandé pourquoi moi je ne l'avais pas.

Je me suis sentie gênée. Pour la première fois j'allais être obligée de lui avouer que c'était uniquement parce que j'étais plus nulle que mes sœurs. Mais en fin de compte, je lui ai répondu autre chose, lui disant que le bac était un examen pour avoir le droit de faire des études et que mes professeurs avaient pensé que c'était mieux pour moi que je passe un examen pour préparer un métier. Mais j'étais un peu embrouillée, cela ne faisait pas clair et ma mère m'a dit :

– Et pourquoi toi, tu n'as pas eu le droit d'avoir le bac pour faire des études ?

– Je ne sais pas moi, maman, tu me poses des questions auxquelles je n'ai même pas réfléchi !

Elle m'a toisée, soupçonneuse, comme si je lui avais raconté des mensonges et pendant ce temps la femme qui nous recevait nous regardait en se demandant ce que l'on baragouinait. J'ai conclu :

– Je n'en sais rien, pourquoi !

Et me suis fermée à toute discussion.

Pour les deux autres écoles, je n'ai pas fait la même erreur, disons que je ne me suis pas étendue et je n'ai plus parlé du bac. Si j'avais su qu'elle me poserait toutes ces questions !

Je ne comprends pas ce qu'il lui prend. Elle ne s'est jamais intéressé à l'école et là, tout d'un coup, elle ne me lâche plus. Mais moi, je n'irai pas dans une école privée, je ne veux pas, c'est trop strict. Il n'y a pas le même genre de filles que mes copines du Paradis et puis dans ces écoles, comme les parents paient, j'ai l'impression que je serai encore plus enfermée, coincée. Alors, en traduisant le prix pour entrer dans une école privée, je l'ai exagérément gonflé, suffisamment pour que, malgré toute sa bonne volonté, ma mère ne puisse pas m'y inscrire. Et comme il fallait retourner à la maison pour préparer encore et toujours le repas, ça a été tout pour ce jour-là.

Du moins, je le croyais. Mais ma mère revient à la charge le soir au cours du repas en demandant à mes sœurs pourquoi elles ont le droit de passer le bac et pas moi. Mes sœurs n'osent pas répondre, elles sont gênées et me regardent, mal à l'aise. Je suis très mal, j'ai envie de me lever et de partir dans ma chambre. Ma mère nous regarde à tour de rôle, les sourcils en accent circonflexe.

– Qu'est-ce qu'il y a ? Pourquoi vous ne parlez plus ?

Moi, j'ai la tête baissée et n'ose regarder personne. Je peux même dire que j'ai honte. C'est le silence dans la pièce et ce con de Foued la ramène :

– C'est parce que c'est une nulle, maman.

Et il se met à rigoler. Je le regarde, la tête baissée, et me mets à pleurer doucement, tout doucement. Mes sœurs ne disent rien. Ma mère demande :

– Qu'est-ce que ça veut dire une « nulle » ? Parle-moi en arabe !

– Eh bien ça veut dire qu'elle est bête, qu'elle n'a jamais eu le niveau, qu'elle n'est pas assez intelligente, tu comprends ça maman ?

Et il prend son doigt pour montrer sa tête, il tape dessus et dit :

– Il n'y a rien là-dedans, c'est tout !

À ce moment-là, il me vient la haine. D'un bond je me lève de ma chaise, j'attrape sa tignasse et je lui file une beigne. Ce con me décoche un coup de poing dans le ventre mais je ne me laisse pas faire. Je frappe et frappe encore, je ne sais plus où je donne les coups, cela m'est égal. Mes sœurs s'écartent et ma mère tente de nous séparer, mais on est accrochés l'un à l'autre, on se frappe avec la même haine. C'est à celui qui fera le plus mal !

N'en pouvant plus, ma mère envoie une de mes sœurs chercher le KGB. Lui, c'est rapide, il nous sépare en nous écartant l'un de l'autre et nous colle au passage une gifle chacun. Mais avec les coups que l'on vient de se prendre on ne sent rien. Foued se met à gueuler encore plus fort. Il pleure et je sais qu'il ne supporte pas de pleurer ; que ce soit une fille qui lui file une raclée, alors là ça ne passe pas ! Il me dit :

– Je t'attraperai en bas et je te ferai une tête au carré, tu vas voir un peu !

– Tu n'avais qu'à te mêler de tes affaires, t'avais pas besoin de dire tout ça à maman, et puis tu t'es regardé un peu ? C'est l'hôpital qui se fout de la charité, espèce de petit con !

– C'est ça, c'est ça ! Tu la ramènes parce qu'il y a Yacine et maman, mais tu vas voir en bas, je vais te faire ta fête !

– Tu ne feras rien, dit le KGB. Si tu la touches t'auras à faire à moi, je t'aurai prévenu !

Et se tournant vers moi il me lance :

– Et toi, tu n'avais qu'à travailler à l'école, il n'y aurait pas ces disputes !

Je ne réponds pas, j'ai peur de m'en prendre une autre et j'ai eu mon compte ce soir, mais je n'en pense pas moins. Comme si c'est ma faute si j'ai un frère qui est con et un autre qui ne comprend rien ! Mais de toute façon, je m'en fous et je pars en courant m'enfermer dans ma chambre.

Je pleure pendant un long moment. J'ai honte et en même temps je suis toujours en colère contre Foued.

Ils ont mangé sans moi ce soir-là et je ne suis pas sortie de ma chambre de toute la soirée. Peu à peu je me suis endormie, le sommeil m'a libérée de ma peine.

À nouveau c'est le matin. Et nous revoilà, ma mère et moi, en train d'arpenter les rues pour trouver « l'avenir », comme dit si bien ma mère. On commence par le LEP, j'ai fait une croix sur les écoles privées, on tourne dans la cour pour chercher les bureaux quand une femme qui est, je crois, la surveillante générale nous demande :

– Vous cherchez quelque chose ?

Je vois à son regard qu'elle n'est pas commode. Je lui réponds :

– Oui, on cherche les bureaux. On voudrait savoir s'il y a des places dans ce lycée.

Ma mère hoche la tête pour approuver ce que je dis.

– Mais des places de quoi ? me demande-t-elle.

– Une place, je ne sais pas moi, pour passer un CAP.

Elle nous regarde, ma mère, puis moi. Je suis mal à l'aise. C'est un regard pointu, on dirait que ses yeux sont acides. Elle me dit :

– Quel âge avez-vous, mademoiselle ?

– Quatorze ans, madame.

– Et où étiez-vous auparavant ? Comment se fait-il que vous veniez maintenant, bien après la rentrée des classes ?

Je lui explique le collège, la SES, puis le LEP employé de bureau. Elle me demande pourquoi je n'ai pas continué comme employée de bureau. Je lui réponds :

– Parce que ça ne me plaisait pas!

– Et qu'est-ce qui vous plairait ?

– Je ne sais pas ce qu'il y a ici.

– Il y a des cuisiniers, des vendeuses, des fleuristes et des employées de collectivité, pour les préparations aux CAP bien sûr...

Aïe! Aïe! tout mais pas employée de collectivité. Je lui réponds :

– Fleuriste, vendeuse ou même cuisine – je ne dis pas un mot sur les employées de collectivité –, là où il y aura de la place.

Elle nous toise de nouveau et me dit :

– Laissez votre adresse, si une place se libère dans le courant de cette semaine, je vous enverrai un courrier. Les bureaux se trouvent là-bas au fond. Dites à la secrétaire que c'est moi qui vous envoie, je suis madame Rimault.

Nous la saluons pour lui dire au revoir, elle répond à ma mère.

– Au revoir, madame, m'ignorant complètement.

Ça commence bien! Je sens que c'est une dure celle-là.

L'adresse donnée, nous rebroussons chemin en traversant le lycée, et là je vois que derrière les baraquements qui servent de classes, il y a un grand parc. Il est superbe, un peu sauvage, comme laissé à l'abandon. Il est beau. C'est la première fois que je vois du vert dans un lycée. Les baraques semblent plus belles entourées de ce parc. Un peu plus loin, il y a même un bassin, mais asséché.

Pendant que je fais l'état des lieux, ma mère me dit :

– Samia, tu as vu?

Je détache mon regard du parc et lui réponds :

– Quoi, maman?

– Tu n'as pas vu? Les filles, elles fument! dit-elle, horrifiée.

– Eh ben quoi, maman. Maintenant dans les lycées ils ont le droit de fumer, les garçons et les filles.

– Ils ne devraient pas laisser fumer dans les lycées! Regarde un peu, les filles se mettent à fumer, ce n'est pas bien ça!

– Si elles ont envie de fumer, elles le feront, pas besoin d'avoir le droit. Et puis je m'en fous, c'est leur histoire, maman!

Mais je sais qu'elle veut dire que je n'ai pas intérêt à m'y mettre moi aussi; je tourne vite la tête et ma mère passe à autre chose.

Nous avons décidé d'attendre la réponse du LEP pour continuer nos recherches. Ouf! Un peu de répit! Mais la réponse ne s'est pas fait attendre. Deux jours après notre entrevue, une lettre est arrivée disant qu'une place en vente était disponible et qu'il fallait se présenter le lundi suivant.

Je ne sais pas si je suis contente, ma mère en tout cas l'est. On dirait que c'est elle qui a été acceptée! Moi, je suis soulagée de n'avoir plus à courir après un lycée, c'est tout!

Lundi, c'est la bourre la plus complète. On est en retard et ma mère tient encore à faire son ménage avant de partir. Je suis énervée parce que, pour la premier jour, on va arriver en retard et j'ai horreur de ça, bien sûr. On est arrivées à dix heures. Je dis à ma mère :

– Tu vas voir, on va se faire engueuler!

– Tu n'auras qu'à lui dire que j'avais besoin de toi à la maison pour le ménage.

– Oui, c'est ça! C'est la honte de raconter ça!

Ce n'est pas tant le risque de louper la place qui m'énerve mais c'est surtout de me faire remarquer, je n'aime pas ça et je sais qu'elle ne va pas me louper. D'ailleurs, ça ne rate pas. Après avoir salué ma mère, elle regarde sa montre et me dit :

– Il me semble que je vous ai convoquée à neuf heures, mademoiselle!

– Oui, je sais, madame, mais il a fallu que j'aide ma mère à faire le ménage avant de partir!

Qu'est-ce qui me prend de raconter ça! Et ma mère qui répète derrière moi en simili français...

– Ménage, à la maison.

Je ne voulais pas donner d'excuse et surtout pas celle-là. Je viens de dire une grosse connerie, mais en face de cette femme, je me sens coincée. Elle regarde ma mère et lui dit :

– Madame! Si vous voulez que votre fille fasse le ménage, eh bien il faut la garder à la maison.

Ma mère arrive à comprendre quand même. Ce n'est pas difficile à piger. Elle secoue la tête pour répondre que ce n'est pas ce qu'elle veut pour sa fille, que ce matin, c'est un accident, mais elle ne sait pas le dire. L'autre continue en me regardant :

– Parce qu'ici, je ne tolérerai aucun retard, quelle qu'en soit la cause. J'espère m'être bien fait comprendre! Je ne veux plus d'histoires de ménage!

Elle m'énerve celle-là, je ne supporte pas la façon dont elle parle à ma mère! Pour qui elle se prend? J'ai honte et je ne supporte pas ce sentiment. Enfin, elle me dit que, si la vente m'intéresse, il y a une place et que je peux démarrer dès demain matin. J'aimerais lui dire que de sa place en vente, j'en ai rien à faire, mais je m'écrase.

Sur le chemin du retour, je ne dis pas un mot. Ma mère me demande pourquoi je fais la tête :

– Tu l'as pas vue cette hystérique, comment elle nous a parlé?

– Elle a raison, ma fille. On vient demander une place et on arrive en retard.

Alors là, j'éclate :

– Quoi! Je te l'avais dit qu'à cause de ton ménage on se ferait remarquer. C'est toi qui as eu l'idée de l'excuse et maintenant, tu me dis qu'elle a raison! On s'est pris la honte, voilà!

– Je n'en ai rien à faire de la honte, me dit ma mère, pour moi l'essentiel, c'est que tu aies une place, voilà!

– Mnnff! Une place, c'est ça! Vendeuse! Une belle place de nulle, oui! Ça ne me plaît pas. Et puis ce n'était pas une raison, même si on était en retard, pour nous parler comme ça!

– Il n'y a rien qui te plaît, à toi. Heureusement que je suis là, sinon je ne sais pas ce que tu deviendrais. Et arrête de faire la tête maintenant, tu commences demain et c'est très bien.

Il y a une chose que je sais, c'est que je vais tout faire, mais tout, pour me faire renvoyer de ce lycée. Vendeuse! Trois ans enfermée pour devenir vendeuse!

On doit être trente à peu près, mais plus entassées que dans l'autre LEP. C'est des baraques, mais ça ne ressemble pas à une usine et puis il y a ce parc. Il est tellement beau, même abandonné, c'est ce qu'il y a de plus joli ici!

Je me suis fait de nouvelles copines. Il y a Loretta, une Espagnole, et Sabine, une Française. Dès le départ, on s'est bien entendues, mais il y a un truc qui m'a fait bizarre, c'est quand Sabine m'a dit qu'elle était fille unique. Je ne sais pas pourquoi, mais je ne pensais pas rencontrer une « fille unique » dans un LEP. Je croyais que les enfants uniques étaient dans d'autres écoles, enfin qu'ils ne pouvaient pas être mélangés à des gens comme nous; en plus elle est vraiment gentille, pas du tout prétentieuse.

Toutes les trois, dès le début on fait les quatre cents coups. Bien sûr il y a les heures de colle mais moi, j'y suis habituée. Et puis comme ça on reste encore plus ensemble en évitant de se taper les cours, car les heures de colle se font dans la salle de surveillance. C'est pas génial ça ?

Quand j'ai expliqué à Loretta et à Sabine que, lorsque j'étais en SES, j'avais deux après-midi de libres par semaine, elles ont trouvé ça tellement super que nous avons décidé de nous donner deux après-midi de congé, pendant les cours qu'on aime le moins tant qu'à faire : la législation, les maths, la comptabilité, par exemple. Mais les maths sont le matin, quel dommage, je me serais bien passée de cette matière. Je déteste les maths et, surtout, je n'y comprends rien. Alors, voilà, pendant ces deux après-midi on se balade, des fois même on va au cinéma. C'est trop bon, mais comme je n'ai pas d'argent, un coup c'est Loretta qui m'invite et des fois c'est Sabine. Loretta travaille, le soir en sortant du lycée ainsi que les jours où il n'y a pas classe, dans l'épicerie de son quartier. Sabine, comme elle est fille unique, ses parents lui donnent de l'argent de poche toutes les semaines. On se fait des virées d'enfer et le cinéma on adore ça. On voit un film par semaine.

À la maison aussi ça se passe mieux, ma mère est contente, elle dit que maintenant, moi aussi j'ai ma place à l'école. Je préfère ne rien répondre quand elle me dit ça, parce que si elle savait ce que j'en fais, de sa place...

Quant au bulletin d'absence, c'est moi qui le signe. De toute façon, cela revient au même. Pour entrer dans ce LEP, il a fallu remplir un dossier où on raconte sa vie, celle de ses parents et de ses frères et sœurs. Je l'ai rempli avec Naïma et j'ai tout signé, c'était plus rapide. Ma mère ne le sait pas et mon père, il aurait fallu que j'attende qu'il rentre pour lui raconter que j'ai atterri dans un nouveau lycée parce que je suis sûre qu'il ne se doute même pas que j'ai changé de LEP. Donc, depuis le début ils ont ma signature, enfin celle de mon père imitée par moi, ils ne peuvent rien comparer. De ce côté-là je suis tranquille, je peux continuer à faire semblant.

Mais ma mère a changé depuis l'épisode du bac. La dernière fois, il était environ dix-huit heures, elle vient vers moi et me dit :

– Dis, Samia, comment ça se fait que je vois tes sœurs travailler dans leur chambre et toi, tu es tous les soirs devant la télé ?

Je lui réponds en soufflant :

– Mais maman, ce n'est pas ma faute si mes professeurs ne me donnent pas de devoirs à faire !

Je mens, bien sûr, des devoirs j'en ai plein mon cahier de textes, mais j'ai décidé de ne rien faire pour être vite renvoyée.

Ma mère me répond :

– Je n'ai jamais vu ça moi, une école qui ne donne pas de devoirs !

Et là, je crains qu'elle appelle le KGB ou le petit con de Foued, à qui je ne parle plus depuis la dernière bagarre, pour fouiller mon cartable. Je lui dis alors :

– Tu te rappelles ce qu'il a dit la dernière fois, Foued, pourquoi je n'allais pas vers le bac, hein ? Tu t'en souviens, eh bien mes sœurs, elles ont beaucoup de devoirs parce que le bac c'est difficile à avoir, mais moi c'est pour être vendeuse, maman, c'est pas la mer à boire. Tiens, regarde Amel, pour être caissière, elle n'a pas eu de devoirs à faire. Moi, c'est pareil.

Ma mère s'en va rejoindre sa cuisine et me laisse devant la télé. Je ne me sens pas très bien de lui avoir menti, parce que je sais qu'elle ne peut rien vérifier. Elle ne sait toujours pas lire et elle ne sait pas vraiment comment une école fonctionne. Mais bon, c'est elle qui a voulu que j'aille à l'école, moi je n'ai rien demandé!

Le muezzin entonne sa prière du soir, celle qui, pendant le ramadan, autorise le premier repas de la journée.

Le muezzin a un rôle important; sa voix et son chant m'impressionnent, j'ai toujours aimé l'entendre. Quand sa voix s'élève, tous se taisent pour mieux l'écouter... de toute façon, on ne peut pas faire autrement!

J'aime cette période de l'année pour l'ambiance de fête qu'il y a chez nous, surtout le soir. Les grands ont les yeux qui pétillent à l'idée de tout ce qu'ils vont pouvoir manger. Tout est prêt pour se régaler, ma mère y a veillé et mon père revient les bras chargés de gâteaux et de sucreries arabes.

Jusqu'à présent, j'ai profité de tous les avantages de cette fête : je peux à la fois manger pendant la journée et me régaler le soir, tandis que mes sœurs, elles, parce qu'elles sont « des femmes », n'ont le droit de manger que le soir.

Ma mère trouve anormal qu'à mon âge je ne sois pas encore « une femme », comme elle dit; il paraît que mes sœurs l'étaient déjà à quatorze ans. J'ai un léger retard qui, pour dire la vérité, ne me gêne pas du tout, surtout lorsque je vois, pendant le ramadan, que mes sœurs ont tant de mal à tenir sans manger jusqu'au premier repas du soir.

Je m'aperçois aussi que d'être une femme, ça interdit beaucoup plus que ça n'autorise. C'est seulement une impression, mais je le sens ainsi. Un exemple : mes sœurs Naïma et Samira n'ont plus le droit de jouer en bas. Le KGB et mon père disent qu'elles n'ont pas à traîner et qu'elles doivent rester près de ma mère. C'est drôle, avant ils disaient « jouer » et maintenant ils parlent de « traîner ». Ils ont changé les mots, pourtant je suis sûre que si elles étaient avec moi et Kathia, on ferait la même chose : s'amuser. Alors pourvu que je reste une fille encore pendant un moment, je me sens bien comme je suis.

C'est vrai que j'aime cette période pour la fête, pour les gâteaux et parce que je vois mon père sourire plus souvent. Mais faire le ramadan, je le sens pas; je le vois que c'est dur, je ne crois pas que j'aurais la volonté. La fin du ramadan est souvent difficile, surtout pour ma mère, elle ne change pas son rythme, bien au contraire, elle travaille encore plus, elle ne peut pas faire la sieste comme mon père et le KGB. Elle n'arrête pas. En plus de nos repas de la journée, il faut aussi qu'elle prépare celui de la nuit.

C'est d'ailleurs au cours d'un de ces repas de midi que Kathia demande à ma mère :

– Dis, maman, pourquoi il faut faire le ramadan?

– C'est Dieu qui l'a dit! C'est écrit dans le livre de prières que lit ton père. C'est bien de le faire et tous ceux qui croient en Dieu le font volontiers et normalement!

– Ah, bon! répond Kathia. Et ceux qui ne le font pas, qu'est-ce qu'il leur arrive?

– Quand ils meurent, au lieu d'aller au paradis ils se font manger par des serpents et ils souffrent pour l'éternité. Aucun repos n'est possible. Pour eux, les portes du paradis sont fermées!

– Mais c'est horrible, ça! C'est vraiment dégueulasse de faire des trucs pareils. Si les gens ils ont pas envie de le faire, c'est leur histoire après tout! dit Kathia.

– Ne dis pas n'importe quoi, ma fille! C'est bien de faire le ramadan, c'est la volonté de Dieu!

Je ne dis rien pendant le repas, mais les serpents, je ne les digère pas et, à voir la tête de Foued et de Kathia, je ne suis pas la seule. Et, quand Malik rentre pour manger, parce qu'il sait que dans la journée il reste plein de bonnes choses de la veille, Kathia le branche sur les serpents :

– Tu sais, Malik, quand tu vas mourir, enfin quand tu seras vieux, tu as le temps mais je t'avertis, au lieu d'aller au paradis tu te feras bouffer par les serpents! Tu ne le savais pas, hein?

Malik manque de s'étouffer et répond :

– Qui c'est qui t'a raconté ces conneries?

– C'est maman tout à l'heure!

– Ah, oui! D'accord! Je vois le genre!

Et il continue à se « bâfrer ».

– C'est peut-être vrai pour elle, mais pas pour moi, c'est tout. Chacun croit ce qu'il veut!

Il voit à nos têtes qu'on ne comprend rien du tout. Il pose alors sa fourchette et nous explique :

– Vous savez à quoi ça sert de faire le ramadan, mis à part que tu te fais pas bouffer par les serpents ? Vous ne le savez pas, je parie ?

Silence.

– Eh bien le ramadan, ça sert à se souvenir qu'il y en a d'autres qui ont moins à manger dans l'année, à savoir ce que peut être la douleur de la faim. Ça ne fait pas de mal au corps de se priver un peu, c'est vrai, mais ça ne sert pas à grand-chose puisque le reste de la soirée et de la nuit ils se « bâfrent » tous ! Enfin, à mon avis ! Mais chacun fait ce qu'il veut, moi je préfère manger dans la journée et dormir la nuit !

Et il continue à manger. Il nous surprend, on ne s'attendait pas à ce genre d'explications. Il est tranquille, Malik.

Il termine vite son repas et il repart ; il ne faudrait pas que mon père le surprenne à manger, ça ferait une de ces histoires ! De toute façon, quand il sait mon père éveillé, il ne rentre pas dans la cuisine.

Toujours est-il que moi, je ne sais plus ce que je dois croire, mais je sens que je préfère la version de Malik. Si ce n'est qu'une question de savoir ce qu'est la faim, eh bien j'imagine que ça doit être dur de ne pas avoir à manger. Mais puisque j'ai la chance d'avoir à manger toute l'année, autant que j'en profite, et puis ça ne m'empêchera pas de penser à tous ces gens pauvres. Je lui expliquerai ça à Dieu, je suis sûre qu'il me comprendra. D'ailleurs, j'ai demandé à Kathia ce qu'elle pensait de mon explication. Elle m'a dit qu'elle était d'accord avec moi et qu'elle dirait la même chose et elle a ajouté que, peut-être, ça passerait mieux si on était deux à penser pareil!

Mais depuis l'histoire des serpents, je n'arrête pas de me poser des questions, surtout sur le paradis. Alors j'ai demandé à ma mère :

– Le paradis, normalement tu as le droit d'y aller rien que si tu es gentille?

– Oui, si tu es bon et si tu ne fais de mal à personne.

– Mais alors, tu peux être méchant toute l'année mais comme tu fais le ramadan tu vas au paradis, mais si tu ne le fais pas et si tu es quand même gentille, les serpents te bouffent! C'est n'importe quoi cette histoire, maman!

Elle m'a répondu :

– Si tu es bon et gentil, le ramadan tu le fais! Et puis arrête un peu avec tes questions, tu mélanges tout! Il y a une chose qu'il faut savoir, c'est que Dieu voit tout! Et, quand on arrive devant lui, il nous ressort tout ce que l'on a fait pendant toute sa vie.

Mais c'est l'angoisse ce qu'elle me raconte! Depuis, je n'arrête pas de penser qu'il est toujours en train de me regarder, ça ne me plaît pas tellement qu'il puisse tout voir. Mais je sais aussi m'en servir. La dernière fois, Foued était encore en train de faire des conneries, je lui ai dit :

– Attention, Foued! Maman m'a dit que Dieu voyait tout et là, il t'a vu, tu n'iras pas au paradis!

Il m'a répondu en rigolant :

– Comment il fait pour voir tout le monde

en même temps, c'est pas des jumelles qu'il lui faut, c'est un télescope! Et encore!

Il est parti en riant comme un tordu en me disant que j'étais vraiment bête de croire à toutes ces conneries. Il a même ajouté :

– Eh! Samia! On y est déjà au Paradis!

Mon père est à l'hôpital, ensuite il ira en maison de repos. J'ai enfin compris pourquoi son « métier » était d'être invalide sans être paralysé. Ma mère m'a expliqué que, lorsqu'il est venu en France rejoindre un vieil oncle installé ici depuis déjà bien longtemps, il a travaillé comme éboueur. Pendant des années il a fait ce métier pour faire venir ensuite ma mère, le KGB et Amel, restés en Algérie le temps de faire des économies et de pouvoir les installer avec lui. Quelques années plus tard, bien après leur avoir fait traverser une des portes de la Méditerranée et alors que nous, les derniers, on commençait à être là, mon père a eu la tuberculose. Comme dit ma mère, « la maladie a été prise à temps », ils l'ont soigné mais depuis il n'a plus travaillé et il reste très fragile. J'ai demandé à ma mère si c'était pour cela que, lorsqu'on était petit, on ne le voyait pas souvent ; elle m'a répondu que pendant de nombreuses années il était obligé d'aller se reposer en sanatorium et qu'à son retour il partait passer quelques mois dans son village en Algérie. Voilà pourquoi il n'était pas souvent avec nous. Alors je lui ai demandé pourquoi on ne nous avait rien dit, rien expliqué. Elle m'a répondu :

– Vous étiez des enfants et ce n'était pas la peine de vous embêter avec tout ça. Et puis c'est des histoires de grandes personnes!

Elle s'est arrêtée de parler, m'a regardée et m'a demandé :

– Samia, pourquoi tu me poses toutes ces questions? Il te manque, ton père?

Sur le moment, je ne savais pas quoi répondre, je ne m'attendais pas à cette question et je ne crois pas que je me la serais posée. Je lui ai dit :

– Non, ce n'est pas ça, maman, j'ai l'habitude qu'il ne soit pas là avec nous, mais c'est l'hôpital qui ne me plaît pas. Je n'aime pas ça!

– Alors, tu vois que j'ai bien fait de ne rien vous dire, tu avais bien le temps de t'inquiéter! Vous étiez tout jeunes lorsque c'est arrivé, et même s'il a gardé cette habitude de passer quelques mois par an en Algérie, cela faisait longtemps qu'il n'avait plus besoin du sanatorium. C'est surtout à cause de cette bronchite qu'il a eue cet hiver et ton père attend toujours le dernier moment pour aller chez le docteur. Au moins, à l'hôpital, ils vont le soigner comme il faut! Tu verras, quand il va revenir il sera plein de santé!

Je lui ai alors dit :

– Je ne sais pas si vous avez bien fait de ne rien nous dire.

Ma mère me regarde drôlement, mais je continue :

– Au moins, on se serait habitués, on saurait qu'il est malade, qu'il l'a toujours été. Là, ça nous tombe dessus, c'est pire encore je trouve...

Elle me coupe la parole.

– Allez, arrête, Samia! Je ne comprends rien à ce que tu racontes. Ton père est allé se faire soigner, c'est ça que tu dois penser, ma fille, c'est le plus important!

Je n'ai plus insisté.

Le KGB est venu attendre ma sœur Amel à la sortie du supermarché. À dix-huit heures trente, elle n'était toujours pas là. Alors il est rentré à l'intérieur et a demandé à la voir. La responsable lui a répondu qu'elle ne travaillait pas aujourd'hui. Je n'étais pas là pour le voir, mais je suis sûre qu'il devait être blanc de rage. En premier parce qu'Amel a osé lui raconter des conneries, et donc qu'elle s'est foutue de sa gueule; en second, que lui ne se soit rendu compte de rien, je crois que pour lui, c'est pire que tout.

Une fois arrivé à la maison, il a tout déballé à ma mère et, par la même occasion, à nous! Il a piqué une crise de nerfs tout seul. Il a donné un coup de poing sur la table. Ma mère, comme d'habitude, l'a consolé et empêché de se faire mal. Nous, on se taisait dans notre coin. Puis, comme un malade, il s'est dirigé vers la chambre d'Amel, il a ouvert l'armoire, tout foutu par terre, enfin ce qu'il restait parce qu'apparemment Amel s'était organisée. Du salon on l'a entendu crier.

– La salope, elle a tout pris et elle est partie!

Ma mère s'est comme réveillée à ce moment-là.

– Qu'est-ce que tu dis? Elle a pris ses affaires? Mais pour quoi faire?

Le KGB arrête de gesticuler et regarde ma mère, mi-moqueur, mi-surpris.

– Mais tu n'as pas compris? Elle a foutu le camp! Voilà pourquoi l'armoire est vide!

Ma mère se pousse contre le mur. Elle se retient à lui et doucement, tout doucement, se laisse glisser. Au fur et à mesure, des larmes accompagnent sa descente. On est tous autour d'elle, on ne sait pas quoi faire. Je sens la même tristesse chez mes sœurs, Foued et moi. C'est insupportable de voir ma mère pleurer.

Le KGB s'approche de Naïma et Samira et leur dit, menaçant :

– Vous, vous savez où elle est allée!

Elles reculent vers la porte, elles ont peur. Naïma répond :

– Non, on est au courant de rien. Comment tu veux qu'on le sache? Pas vrai, Samira?

– C'est vrai, Yacine, Amel ne nous a rien dit!

– Et les affaires, c'est moi, peut-être, qui l'ai aidée à les sortir? Hein?

Il crie encore plus fort, on dirait qu'il devient fou. Ma mère se réveille enfin et dit au KGB :

– Laisse tes sœurs tranquilles!

Elle se lève. Elle ne parle plus et surtout ne pleure plus. Elle se dirige vers son quartier général comme si rien ne s'était passé. De la cuisine elle appelle le KGB qui la rejoint et ferme la porte derrière lui. On aimerait tous savoir ce qui se passe derrière cette porte, mais aucun de nous n'ose s'approcher pour écouter. Alors Foued décide de faire son numéro :

– Allez! Dites-le que c'est vous qui depuis un moment sortez avec des fringues d'Amel!

– Tu ferais mieux de la fermer, lui dit Samira, parce que si tu la ramènes un peu trop, nous aussi on est au courant de pas mal de choses!

– Regarde-la, celle-là! répond, railleur,

Foued. Vous pouvez raconter ce que vous voulez, ce n'est rien par rapport à ce que vous avez fait! Vous croyez que je suis un âne ou quoi? Ça fait des mois que je vois votre manège à toutes les trois! C'est pas vrai ce que je dis peut-être?

– Espèce de petit con que tu es!

C'est Naïma qui parle. Elle d'habitude si calme, je ne la reconnais pas. Elle reprend en s'approchant de lui :

– Tu es content, hein? Elles (nous montrant du doigt Kathia et moi) n'étaient au courant de rien et, parce que tu as voulu faire le fanfaron, elles savent tout maintenant! Écoute-moi bien! Si jamais tu ouvres ta gueule, on t'attrape dans un coin et tu prendras la raclée de ta vie! En plus je dirai à tes copains que c'est nous, des nanas, qui t'avons foutu la grosse tête! T'as compris? Même Malik t'en mettra une!

Il est pas frais, le Foued! Il répond, en se forçant à être crâneur pour ne pas perdre la face :

– Tu me prends pour un mouchard ou quoi? Si j'avais voulu le dire, je l'aurais fait depuis le jour où je vous ai vues, toi et Samira, planquer des affaires d'Amel dans votre cartable. Et en vous surveillant j'ai vu que tous les matins c'était la même chose! Alors lâche-moi, s'il te plaît!

Tout en parlant, il se dégage de l'endroit où Naïma et Samira l'ont coincé.

Il est vexé le Foued, je crois qu'il n'aime pas l'idée d'être pris pour un mouchard. Avant de quitter la pièce, il ajoute :

– Je sais même que Malik était au courant qu'Amel préparait sa fuite...

Samira le coupe pour lui dire :

– Il était au courant parce qu'Amel a voulu

le lui dire. Ils s'entendaient bien tous les deux, mais comme il ne voulait pas lui sortir ses vêtements, on a été obligées de le faire!

– C'est normal, il a eu raison, Malik, de ne pas sortir ses affaires. Moi, je ne l'aurais pas fait! répond Foued.

Naïma lui lance :

– T'as pas encore compris que ce n'est pas demain la veille qu'on te demandera quelque chose! Allez maintenant dégage et laisse-nous tranquilles avec tes conneries!

Foued est crispé de colère, mais il se tire vite fait bien fait. Il a compris qu'il ne fait pas le poids contre nous. Sitôt qu'il est sorti, nous restons toutes les quatre dans la pièce, nous regardant sans rien dire. C'est un drôle de silence, celui qui annonce les grandes catastrophes. Celles qui balaient les meilleures choses que l'on a vécues pour nous faire comprendre que rien ne sera plus comme avant. C'est ce que je ressens très fort à cet instant précis, dans la chambre d'Amel où nous nous trouvons. Et le pire, c'est que chacune de nous, j'en suis sûre, pense ou craint la même chose, mais on ne se le dit pas. Ce silence est si lourd qu'il nous rend muettes...

Le KGB sort de la cuisine. Je crois qu'il va essayer de savoir où se trouve Amel. Je me demande bien comment il va faire...

Foued est descendu rejoindre ses potes de la cité et nous, nous rejoignons ma mère qui nous appelle de son quartier général. Elle est énervée. Après la tristesse, la douleur s'est transformée en colère. On se met toutes à bosser, même si la maison est archipropre, mais au moins on ne risque pas de se faire jeter pour quelque chose qu'on n'aurait pas fait.

Malik est rentré ce soir. Il a rencontré « par hasard » Foued qui lui a tout raconté... Tu parles! Je suis sûre que Foued, ça le démangeait tellement qu'il fallait qu'il raconte ce qui s'était passé. Il ne pouvait pas le faire avec l'ennemi, alors il s'est lâché avec Malik, en insistant qu'il était vraiment au courant de tout depuis le début avec les affaires dans les cartables.

Après le repas du soir, réunion extraordinaire entre le KGB, Malik et ma mère. Nous n'avons pas le droit d'être avec eux. On s'est agglutinés dans le couloir pour en entendre le maximum. Comme Naïma est la plus grande, c'est elle qui a l'oreille collée contre la porte pendant que Samira espionne par le trou de la serrure. Mais on n'arrive pas à savoir grand-chose. Foued est avec nous et en le regardant, il me vient une idée!

– Dis un peu, Foued, si tu veux, toi, tu peux entrer dans le salon, ils ne te diront rien.

– Sûr! me répond Foued. Je fais ce que je veux, moi. Si j'ai envie maintenant je rentre, qu'est-ce que tu crois!

Kathia, qui a compris où je veux en venir, ajoute :

– Allez, bouffon! Tu fais ton intéressant, mais je suis sûre que si tu rentres tu te feras sortir à coups de pied au cul! Allez, tu n'es pas chiche!

Et c'est là que le coq à qui on a brossé la crête se retrouve au milieu du salon à écouter toute la conversation. Bien sûr, il avait raison, personne ne lui dit rien, ni ne fait attention à lui. On le savait, c'est pourquoi on l'a envoyé, mais cet imbécile ne reste pas cinq minutes. Il ressort pour nous dire, crâneur :

– Alors, qui c'est qui avait raison ? Quand je veux je rentre et je sors ! Eh oui, c'est pas donné à tout le monde, ça !

Naïma le renvoie avec les autres.

– Qu'est-ce que tu attends pour y retourner et nous dire ce qu'ils se racontent ?

Elle n'y va pas par quatre chemins, mais Foued fait la forte tête :

– Pourquoi je ferais le mouchard pour vous, hein ? Alors c'est quand ça vous arrange ?

– C'est pour Amel que tu le fais, c'est pas pour nous. Tu veux qu'il lui arrive la même chose que la dernière fois, quand le KGB l'a tuée de coups ! C'est ça que tu veux ? Tu t'en fous d'Amel, tu penses qu'à ta gueule !

Foued est piqué au vif. Il ne se moque pas de ce qui peut arriver à Amel, mais il aime faire le bouffon. Samira lui lance :

– Allez, vas-y Foued ! Avec toutes ces paroles, on a déjà raté la moitié de leur discussion.

Foued se précipite enfin dans la pièce et ça dure un moment pendant lequel, toujours assises à même le sol, nous attendons son retour. De savoir Malik dans le salon me rassure un peu ; je pense que lui arrivera à calmer un peu le KGB. C'est ce que je dis à mes sœurs ; mais elles me ramènent sur terre en me faisant comprendre que le KGB ne fera que ce qu'il voudra sans écouter ni ma mère ni Malik. Mon père n'étant pas là, il s'est proclamé Chef de Famille, comme à chacune de ses absences.

Au bout d'un peu plus de trois quarts d'heure, la réunion se termine. On se lève toutes précipitamment et on court dans la chambre. Foued nous rejoint et nous fait le rapport :

– Alors, d'abord ils ont dit qu'ils ne diraient

rien à papa avant qu'il ne revienne du sanatorium, ça va lui faire du souci. Le KGB a rajouté que ce n'était pas la peine de l'avertir puisqu'à son retour Amel serait là!

– Ah, bon! dit Naïma. Et qu'est-ce qu'a dit Malik?

– Il n'a rien dit, lui, seulement il a levé les yeux et il a regardé Yacine quand il a dit qu'Amel serait là dans une semaine, au retour de papa.

– Et alors? demanda Kathia.

Il fait exprès, ce Foued, il parle au compte-gouttes. Il aime qu'on lui demande. Mais Naïma et Samira en ont ras le bol de son manège, elles s'énervent :

– Alors, tu accouches ou quoi?

– Eh! Ho! Attention là! Il faudrait savoir qui a besoin de qui ici, d'accord? Je veux bien participer mais doucement! Et c'est pour Amel que je le fais!

Il m'énerve tellement que je lui envoie :

– Tu ne peux pas t'en empêcher, hein? Tu veux profiter de la situation! Tu veux nous montrer qu'aujourd'hui c'est toi le plus fort!

Foued reprend son rapport :

– Donc, Malik et Yacine se sont regardés et Malik a dit : « Je suis d'accord pour avertir papa uniquement quand il sera là! » Yacine a répondu : « On ne dira rien à papa, jamais, parce que dans une semaine elle sera là! Tu n'es pas d'accord avec moi? » Et là Malik n'a rien répondu. C'est sûr qu'il n'était pas d'accord, mais ce n'était pas le moment d'en parler. Yacine a lancé à Malik : « Je sais ce que tu penses, va, Monsieur le Libéral! Mais en attendant, ta sœur, elle s'est barrée sans se marier, et avec un étranger en plus! – Qu'est-ce que tu en sais? Elle est majeure après tout! » Yacine a répondu : « Qui parle de majorité? Tu le sais que ça n'existe pas chez nous! Je suis sûr que tu es d'accord avec elle et avec la honte qu'elle a mise sur nous! » Malik lui a répondu, énervé : « Allez, arrête un peu! Je ne suis d'accord avec personne, et puis fous-moi la paix! O.K.? » C'est là que maman leur a dit d'arrêter de se disputer, que ce n'était pas le moment. Elle leur a demandé à tous les deux de rechercher Amel. Pour toute réponse, Malik a dit oui de la tête et Yacine a répondu qu'il la ramènerait par les cheveux s'il le fallait, mais qu'elle serait là bientôt! Voilà, je vous ai tout dit, les filles! Ça craint pas mal quand même!

– Tu as trouvé ça tout seul? lui lance Kathia.

Mais Foued ne répond pas, il a dû comprendre que c'est l'angoisse qui lui a fait dire ça.

Ma mère nous envoie tous nous coucher. Je vois que, malgré sa colère, elle est triste. Ce soir, Malik dort ici, mais je suis sûre qu'il ne va pas rester plus d'une nuit avec nous.

Le lendemain, le KGB est déjà habillé au petit déjeuner, on dirait qu'il va à la guerre. Ma mère lui prépare son café et il part. Quant à Malik, il prend son temps. Je crois qu'il n'a pas envie de croiser le KGB préparant son expédition et, surtout, il veut parler à Naïma. Ils se mettent tous les deux dans la chambre et Samira les rejoint. Elles ont toutes les deux juré qu'elles ne savaient pas où était Amel. Elles ont avoué à Malik la sortie clandestine des vêtements, qu'elles lui remettaient sitôt arrivées dehors, mais rien d'autre. Jamais Amel ne leur a dit quand elle partirait, et c'était mieux ainsi parce qu'avec le KGB et sa manie de poser des questions...

La journée est lourde. Ma mère n'arrête pas de faire le va-et-vient entre son QG et le balcon, au cas où Amel apparaîtrait, seule ou avec un de ses fils, les gardiens de l'honneur. À midi, on mange entre nous, et lorsque le soir arrive, la mine du KGB nous fait comprendre qu'il a échoué dans ses recherches. Je suis contente de son échec. Je suis soulagée parce qu'il n'y aura ni luttes, ni bagarres, ni coups. Même si, à l'instant où il rentre, je lis sur le visage de ma mère de la tristesse mêlée à la colère de la déception. Malik n'a rien vu de nouveau mais personne n'en est étonné. Je me demande s'il a vraiment cherché Amel, j'ai des doutes...

Le lendemain, après avoir passé une soirée des plus mornes, ma mère s'est rendue au supermarché avec Malik et le KGB. La responsable les a reçus et la nouvelle qu'ils ont apprise les a tellement assommés que je ne crois pas qu'ils s'en remettront de sitôt. Amel avait tout prévu depuis longtemps, sans doute depuis la fois où elle s'est pris la grosse tête. Elle ne travaille plus au supermarché de la cité, elle a donné sa démission et personne ne sait rien. Quand ils rentrent et que j'apprends, avec mes sœurs, la nouvelle, je tombe de haut. Je ne m'attendais pas à ne plus revoir ma grande sœur. C'est sûr, maintenant, l'ambiance ne pourra plus être la même, elle ne sera plus habillée de la même couleur et, comme tous, cela me rend très triste. Aucun de nous n'était prêt à vivre une histoire pareille...

Nous nous enfermons dans nos occupations. Ma mère ne dit plus un mot et reste dans sa cuisine. Foued se barre en bas, Malik prend sa serviette; visiblement, il a besoin de faire des longueurs. Le KGB va se coucher en disant qu'il a besoin de réfléchir, et nous, les filles, nous restons près de ma mère attendant qu'elle nous dise ce qu'elle désire. Mais je vois bien qu'elle n'a qu'un seul désir : rester seule!

C'est sans aucun doute cette journée « spéciale » qui a provoqué ce cauchemar qui m'a réveillée en plein milieu de la nuit et m'a donné la frousse de me rendormir de peur que les images ne reviennent me hanter!

Au début, le rêve était super. On était, mes sœurs et moi, sauf Amel, dans une forêt. Elle était belle, on était toutes nues et on s'amusait à se jeter les unes les autres sur le sol. C'était très agréable parce qu'au pied de chaque arbre il y avait de la mousse d'un vert éclatant et d'une douceur extra. C'était la joie, on riait très fort!

Puis tout à coup, une des mes sœurs pousse un cri. On lève la tête et on aperçoit, sur la montagne derrière les arbres, deux hommes qui nous regardent et qui se mettent à courir vers nous. On s'échappe, on court n'importe où, sans savoir vraiment où. On débouche ensemble sur une clairière où on trouve un village mais miniature, et ceux qui nous entourent à cet instant le sont tout autant. Mes sœurs et moi, on se regarde avec perplexité. Ce sont des lutins qui habitent là, mais ce qui nous surprend c'est qu'ils sont de couleur beige; leur peau, leurs vêtements et leurs maisons, tout est beige.

Un des leurs s'approche de nous et nous demande de tourner; bien sûr on ne comprend rien. Il insiste pour que nous tournions sur nous-mêmes et, croyant qu'on ne sait pas comment s'y prendre, il nous montre comment faire. Avec mes sœurs, on rigole en se disant qu'on est tombées sur des gens pas très clairs, on s'apprête à tourner. On s'élance, quand plusieurs d'entre eux nous arrêtent dans notre élan :

– Stop! Nous sommes obligés de vous arrêter!

On comprend de moins en moins et je leur dis :

– Mais vous vouliez que l'on tourne, on allait le faire, alors pourquoi nous arrêter ?

L'un d'eux répond :

– Oui, c'est vrai, vous alliez tourner mais, dès le départ, vous vous êtes trompées de sens. Nous allons vous mettre en prison ; nous sommes obligés de vous enfermer! Parce que pour bien tourner en rond, il y a un sens, et si vous ne prenez pas le bon sens, c'est foutu, vous tournerez toujours du mauvais côté!

On est tellement surprises qu'on les laisse nous emmener, les mains attachées, sans pouvoir dire un seul mot. On les suit en direction de la prison, qui est une simple hutte de village. Pendant qu'on se dirige vers notre prison, on entend du bruit, comme si quelqu'un courait, et là, on voit apparaître les deux hommes qui nous poursuivaient dans la forêt. À notre vue, ils s'arrêtent visiblement contents de nous voir ainsi attachées et bientôt emprisonnées.

Je me suis réveillée avec cette image dans la tête, et une terrible angoisse. J'ai même failli réveiller Kathia tellement j'avais peur toute seule dans le noir.

Le lendemain j'ai raconté à Kathia ce drôle de « rêve ». Elle m'a dit :

– C'est plutôt toi qui ne tournes pas rond. Qu'est-ce qui t'a pris de faire ce rêve bizarre ? Je n'ai jamais rien entendu d'aussi embrouillé !

Puis elle s'est mise à rire en me disant :

– Tu ne tournes vraiment pas rond !...

Elle m'a un peu énervée, mais j'ai préféré laisser tomber. C'est vrai qu'il était bizarre ce cauchemar.

Mon père vient d'arriver ; le KGB est allé le chercher au sanatorium. Quand il entre dans le salon où l'attend ma mère, on comprend que le KGB lui a déjà tout raconté.

Comme au soir du départ d'Amel, nous sommes tous obligés de sortir de la pièce. Naïma est autorisée à entrer parce qu'elle leur sert le café et le thé. Et ça recommence, ils se mettent à parler pendant des heures. Cette fois-ci, on n'essaie même pas de savoir ce qui se dit, on l'imagine assez facilement.

Naïma nous rapporte quand même que ma mère s'est remise à pleurer pendant que le KGB prenait un malin plaisir à raconter l'histoire. Malik avait la tête baissée, et mon père, les coudes sur les genoux et la tête dans les mains, ne disait plus un mot.

Le dîner est vite expédié et moi, je suis surprise d'avoir envie que l'école reprenne pour revoir Loretta, Sabine et rigoler enfin. Je ne peux plus supporter l'ambiance de la maison, ma mère ne parle presque plus et nous, on n'ose plus bouger...

C'est bête, mais j'ai l'impression que quelqu'un est mort. On ne parle plus d'Amel, c'est comme si elle s'était éteinte à jamais. Elle n'existe plus. C'est dur ! Lorsqu'on parle d'elle avec mes sœurs, c'est tout doucement. Pourtant, personne ne nous l'a interdit. Même le prénom d'Amel, on ne le prononce qu'entre nous, jamais devant ma mère et encore moins devant le KGB et mon père.

La rentrée devenait plus que pressante : je me suis surprise à tout déballer de mes « super vacances » dès le premier jour à Loretta et Sabine. Après, je me suis sentie plus soulagée. Des deux, c'est Sabine qui est la plus choquée. Loretta me dit qu'elle a une copine, là où elle habite, à qui il est arrivé la même histoire pour sa sœur. Mais Sabine n'en revient pas que le KGB, qui pour elle n'est que le grand frère, se mêle des affaires d'Amel et de toute la famille. D'instinct elle le déteste! Elles sont très solidaires, et notre amitié en est renforcée.

Et c'est peut-être de déballer tout comme ça, le premier jour, qui me donne l'idée de trafiquer mon emploi du temps. J'ai vraiment assuré parce que, dès mon retour du LEP et celui de mes sœurs, le KGB nous attendait pour nous prendre notre carnet de correspondance et avoir ainsi notre emploi du temps.

Je ne sais pas si mes sœurs ont fait la même chose, je ne leur pose pas la question, je ne crois pas; mais pour moi les semaines sont de plus en plus lourdes, tous les jours je sors à dix-huit heures. Eh oui, deuxième année oblige! Pourtant je n'étais pas certaine qu'il aurait eu le culot de nous attendre pour avoir nos horaires, j'ai trafiqué au cas où. Et le moment de lui remettre mon carnet a été si pénible que la pensée que je l'avais roulé à apaisé un peu ma colère. Depuis qu'il me vole mon temps tous les jours un peu plus je ne le supporte plus, ça devient physique.

Alors, qu'est-ce que je fabrique jusqu'à six heures le soir ? Eh bien, je suis chez Sabine. Chez elle, il n'y a personne, on est tranquilles ; chez Loretta ça ne me change pas tellement, c'est plein de monde et de bruit !

On se fait le petit goûter et surtout ce que j'adore : on écoute de la musique à fond sur sa chaîne. Là, je passe du bon temps.

Souvent je rentre à pied : j'ai décidé de garder l'argent du bus pour avoir un peu d'argent de poche. Quand je rentre avec encore la musique dans ma tête, le chemin me semble moins long. Des fois, j'accompagne cette musique d'une petite histoire que je me raconte pour faire passer le temps.

J'ai de moins en moins envie de rentrer à la maison. Tout le monde fait la gueule, moi la première, et le KGB est de plus en plus souvent là. Par contre Malik, il faut le supplier pour qu'il rentre, on le voit encore moins qu'avant, pourtant ses affaires sont toujours dans sa chambre. La dernière fois, Naïma est allée le trouver à la piscine. Où peut-il être, sinon là-bas, à faire des longueurs avec sa sirène qui donne des cours de natation ?

Le soir même, Malik est avec nous et, au repas, Naïma et Samira annoncent que le lendemain, mercredi, le sport reprend. Mes sœurs ont toujours été sportives, leur truc c'est le basket. Mais voilà, entre l'année dernière où personne ne disait rien quand elles le pratiquaient et maintenant qu'Amel a disparu, le KGB, ma mère et mon père ne veulent plus en entendre parler. « Les filles doivent rester près de leur mère ! » dit mon père, et Naïma devait prévoir que cela se passerait ainsi. Le seul à pouvoir l'aider, c'est Malik. Il a une idée géniale pour faire pencher l'autorisation du bon côté. Il connaît bien mon père, celui-là, et le KGB ne peut pas la ramener. Voilà ce qu'il dit :

– Tu sais, papa, qu'à l'école le sport compte beaucoup dans les études, et si tu veux que les filles continuent le lycée, il faut qu'elles aillent au sport le mercredi après-midi et le dimanche, quand il y a des matches. Elles seront notées, et ce sera important pour passer dans la classe supérieure.

Mon père fait mine de réfléchir un peu, histoire de montrer que la décision ne viendra que de lui seul. Mais on sait qu'il autorisera mes sœurs à reprendre le basket, l'école c'est important pour lui ! Même ma mère est d'accord avec lui : les études avant tout, et on peut dire qu'à ce niveau-là, mes sœurs ont toujours assuré. Moi, je souris intérieurement, je suis heureuse pour elles, mais surtout de voir la tête du KGB. C'est sa deuxième défaite, et j'espère qu'il y en aura d'autres ! Donc, pour mes sœurs, la liberté ce sera le basket.

Moi, je n'ai jamais été une grande sportive, alors les mercredis, je suis à la maison en attendant d'attraper mon stage pratique de vente qui aura lieu tous les mercredis pendant l'année scolaire. Il faut trouver seule le magasin qui doit nous prendre. J'ai horreur de faire ça, j'ai honte d'aller demander qu'on me prenne en stage, et puis j'avoue que je ne suis pas emballée pour aller vendre quoi que ce soit. Je vais être bloquée jusqu'à sept heures le soir et je serai obligée de rentrer directement à la maison. Avec ce genre d'horaire je ne peux rien trafiquer, la journée est déjà complète.

J'ai tellement détesté aller faire le tour de

ces magasins que je n'ai rien trouvé, c'est la prof de commerce qui m'a trouvé mon lieu de stage. Ça va, c'est cool, c'est un jeune, le patron de ce magasin de maroquinerie ; il doit avoir vingt-cinq ans et c'est lui qui fait tous les sacs de la boutique. Il a un drôle de look quand même : il a les cheveux aussi longs que les miens et il s'habille toujours avec de très grands pulls tout déformés. C'est pas vraiment comme ça que j'imaginais un patron, mais il a pour lui d'être gentil. Et surtout, il a vite compris, sans que j'explique, que je suis là parce qu'il faut bien que je sois quelque part. Je joue mon rôle juste ce qu'il faut, je fais la poussière et m'efforce de ne pas lui rater trop de ventes. Ainsi, il a bonne conscience, et moi j'ai la paix ! Surtout qu'en agissant comme ça, je me suis rendu compte que, si je lui demande d'aller me balader en ville pour prendre l'air, il m'autorise toujours, et si la prof passe et que je ne suis pas là, il dit que c'est lui qui m'envoie faire des courses. Il a compris que de rester enfermée dans un magasin toute une journée, ce n'était pas mon truc.

Il a bien essayé de m'apprendre à faire des sacs, mais ça ne m'intéresse pas plus que d'apprendre la vente, et puis cela me fait trop penser à certains travaux manuels que je faisais au collège. Je n'en ai rien à faire des sacs, je pourrais vendre des fromages que ce serait pareil. Pour faire passer le temps, il a aussi voulu m'initier au bridge. Il a vite laissé tomber, c'est trop matheux ce jeu, et pour me faire plaisir, il s'est mis au rami avec les règles que j'ai adaptées pour que ce soit plus simple. Quand je gagne, il m'offre un gâteau ou un chocolat, et quand je perds, je ne lui offre rien. Il a accepté lorsque je lui ai dit que lui, il avait un magasin, que c'était déjà beaucoup, alors que moi je n'ai rien. Je sais qu'il joue le jeu pour me faire plaisir et parce que je le fais rire. Il n'y a qu'ainsi que je supporte le stage pratique!

En ce moment, j'ai pas le moral, je me traîne et je n'ai envie de rien, même pas d'aller à la plage ou de rejoindre Fathia et Fabienne en bas de la cité. Je ne comprends pas ce qui m'arrive, je ne me suis jamais sentie aussi mal. Même le jour de mes quinze ans je n'étais pas bien. Je n'ai pas arrêté de pleurer, ils se sont tous demandé ce qu'il m'arrivait, ils n'ont pas l'habitude de me voir ainsi. Moi non plus, et de ne pas comprendre me rend encore plus triste.

Ma mère m'a même dit d'arrêter de pleurer, que ça pouvait porter malheur le jour de son anniversaire. Mais je ne commandais rien, les larmes n'en avaient rien à faire de mon avis, elles seules savaient pourquoi elles coulaient.

– Je comprends mieux ton ennui des jours derniers! me dit tout à coup ma mère.

– Mais de quel ennui tu parles, maman?

– Tu es devenue une femme. Maintenant tu fais partie de notre groupe, à tes sœurs et à moi!

– Quoi! Tu veux dire que depuis hier soir je suis une femme? Comme ça, d'un coup... C'est des conneries, ces histoires!

– Mais non, pas d'un coup, ni depuis hier soir! Ces derniers temps tu étais mal, l'ennui était en toi, tu pleurais parce que tu te préparais à être une femme!

Je comprends que par ennui ma mère veut dire mélancolie, tristesse.

– Et à chaque fois la « femme » dont tu parles va me faire ce genre de plan ?

Ma mère ne comprend pas. Je poursuis :

– Pourquoi tu ne m'as pas avertie que bientôt j'allais devenir une femme, que c'était l'âge ? Je ne sais pas, moi, si j'avais été au courant qu'elle arrivait, celle-là, peut-être j'aurais été moins triste, je ne l'aurais pas laissée m'emmerder. C'est vrai quoi!

Ma mère regarde ma colère et me dit :

– Mais de quelle femme tu parles, tu n'es pas bien ? Je ne comprends rien, tes sœurs ne m'ont rien dit de tout ça. C'est la première fois que j'entends de telles choses!

Je me tais; je sens bien que pour elle je suis en plein délire. Je ne sais pas pourquoi je refuse tant cette histoire de bonne femme qui s'est réveillée en moi. Et si pour être une femme il faut passer par la tristesse et les larmes, pourquoi je l'accueillerais bien ? J'ai demandé à mes sœurs si elles aussi elles avaient ressenti le même malaise. Un peu, m'ont-elles dit, elles savaient que c'était normal...

Tant de choses ont changé cette année. Il y a beaucoup trop de tristesse dans la maison. Elle a fait son nid parmi nous; peu à peu, sans que nous nous en soyons aperçus, elle a pris sa place, ou plutôt, elle s'est incrustée et a fait en sorte de nous éloigner les uns des autres. Elle nous enferme dans un lourd silence difficile à vivre. Et le pire, c'est que nous sommes obligées de rester là à la supporter. Nous n'avons, mes sœurs et moi, aucune porte de sortie pour lui échapper. J'ai la sensation d'étouffer. Ils ne comprennent pas que personne ne peut vivre avec la tristesse.

Mon père n'est pas souvent à la maison, et quand il y est, il ne nous adresse pas la parole. C'est, paraît-il, à cause de la femme qui s'éveille en nous, ses filles. Je ne comprends pas, ils ont peur que l'on suive le même chemin qu'Amel, mais ils n'arrêtent pas de nous en parler, de ce chemin. Ils en deviennent obsédés. Dès que j'ai cinq minutes de retard, c'est les cris de ma mère qui me dit qu'elle se plaindra au KGB le soir venu. Manque de bol, cela m'arrive souvent d'être en retard, vu que je rentre à pied, et dès que le soir arrive j'ai toujours peur qu'elle parle au KGB. Pour l'instant, il ne semble pas au courant de mes retards.

Tout le monde craint tout le monde, dans cette maison. Même entre nous, les sœurs, ce n'est plus pareil. Surtout au niveau du rire. J'ai l'impression que nous sommes chacune dans notre coin à essayer de nous protéger. Je nous sens sur le qui-vive et, pire encore, chacune s'enferme dans la honte et la culpabilité de quelque chose qu'on n'a pas fait. C'est dur et souvent irrespirable mais, malgré toute cette pesanteur, nous avons réussi, avec mes sœurs, à faire une petite place à notre nouvelle sœur adoptive, qui s'appelle « Complicité ».

C'est arrivé un soir par hasard, à table. Le KGB attendait, comme d'habitude, de se faire servir ; moi, par principe, j'ai décidé que jamais je ne lui servirais quoi que ce soit, et pour l'instant je réussis assez bien à me défiler. C'est ma seule façon de résister à cet envahisseur de l'esprit. On avait envie de parler, de se raconter notre journée, on n'avait rien de spécial à cacher, on voulait seulement préserver notre esprit, notre propre histoire, que le KGB et les parents essaient tous les jours un peu plus de nous enlever. Alors, on a inventé une troisième langue, un mélange d'anglais, de verlan et d'argot, la langue « S », dite « de sécurité », qui nous permet de rire et de nous retrouver comme avant. Au départ, nous étions lentes à communiquer, mais nous sommes rapidement passées à la vitesse supérieure. On n'a pas mis Foued dans la combine, c'est notre truc à nous, les filles, notre secret.

On a distribué les rôles : le KGB ne peut rester que ce qu'il est, fidèle à lui-même. Ma mère est devenue la mother, mon père, le father. Tous les autres mots trouvent leur place dans la phrase suivant l'inspiration de celle qui parle. Moi, à part mother et father, je pratique plus l'argot et le verlan que l'anglais.

C'est à l'aide de la langue « S » que Naïma me fait comprendre, ce soir-là, que je suis dans le collimateur du KGB.

– La mother a téconra au KGB que tu treren tous scl srios présa eighteen o'clock! (La mother a raconté au KGB que tu rentres tous les soirs après dix-huit heures!)

– Mentcom tu el sais? (Comment tu le sais?)

– J'ai tout dutenen! (J'ai tout entendu!)

Ça ne loupe pas, le KGB vient me demander des comptes. Je joue profil bas en disant que je rate souvent le car, et que je ne le fais pas exprès. Il me répond :

– Eh bien, à partir de maintenant, tâche de prendre le car à l'heure!

Je devine qu'il me laisse tranquille pour mieux me surveiller dans les jours qui viennent. Maintenant je sais que si le KGB se pointe à la sortie du lycée vers les dix-huit heures, je prendrai la raclée de ma vie. En fait, il n'est jamais venu devant le lycée.

Quelques temps plus tard, je me ramasse quand même une bonne trempe façon KGB. Pourtant, ce soir-là, je pars de bonne heure de chez Sabine justement pour arriver à l'heure. Mais je rencontre Fathia au Paradis; elle est toute flippée à l'idée de rentrer chez elle. Cela fait plusieurs jours qu'elle ne va plus en cours, et elle sait maintenant que ses parents sont au courant. Dans la peur et la précipitation, elle me demande de lui prendre son paquet de cigarettes pour le lui cacher, le temps que la tempête se calme. Je le mets au fond de mon sac de toile et file vite à la maison. Bien sûr, pendant tout ce temps l'heure n'a pas arrêté de tourner... Dès que j'ouvre la porte, le KGB et ma mother me sautent dessus, et les questions commencent.

– Où tu étais ? me demande ma mother, sous le regard noir du KGB.

Mon cœur bat vite et j'ai chaud tellement j'ai peur. J'ai du mal à répondre.

– J'ai encore raté le bus...

La première gifle du KGB claque sur ma joue. J'essaie de voir mes sœurs, j'ai besoin de croiser leur regard. Enfin, je les aperçois derrière ma mother. Je vois qu'elles ont autant la trouille que moi et qu'elles souffrent de ne pouvoir rien faire. L'autre de continuer de plus belle.

– Alors! Tu vas dire la vérité? Où tu as traîné ce soir?

– J'ai raté le bus...

– Tu te fous de ma gueule! Sale garce, espèce de pute!

Il se retourne, prend ma mother à témoin et lui dit :

– Tu vois, toutes, je te dis toutes (en montrant du doigt mes sœurs), elles vont faire comme Amel !

Et là, je ne sais pas ce qui me prend et je lui réponds :

– Oui, mais moi je m'appelle Samia !

Je suis complètement folle d'avoir dit ça ! Il se retourne et me colle une autre gifle en me disant que je n'ai pas à lui répondre. La gifle est tellement forte qu'elle me fait trébucher, mon sac de toile se retrouve à terre avec tout son contenu. Dans les yeux de ma mother et du KGB je lis l'horreur, dans ceux de mes sœurs la terreur, et je comprends que c'est le paquet de cigarettes qui en est la cause. Là le KGB fonce carrément sur moi, je me retrouve à terre. Il prend sa ceinture et me frappe avec. Les coups tombent partout, j'ai beau me protéger avec les bras et crier plus fort que la douleur pour l'impressionner, il s'acharne de plus belle. Ma mother ne l'arrête pas. Mes sœurs se taisent de terreur, sauf Kathia qui pleure. Foued est là aussi.

Le pire, c'est quand il lâche la ceinture pour me donner des coups de pied dans le ventre. C'est le premier jour où la fameuse femme vient me tenir compagnie. Là, je crie de douleur, d'effroi et d'horreur. Il est fou de rage. À ce moment-là, la mother le tire vers elle pour qu'il arrête.

Je suis repliée sur moi-même dans le coin du mur près de la porte d'entrée. Je pleure, je pleure parce que je souffre. Ma peau, mon ventre ont mal, mais aussi ma tête et mon esprit.

Je pleure, oui je pleure parce que je me déteste, comme je déteste tout le monde. Je pleure parce que j'ai la haine, la haine qui n'avait jusqu'à présent montré que le bout de son nez s'incruste en moi avec force et violence.

Je pleure, parce que je me rends compte que je viens de prendre la raclée que le KGB n'a pu donner à Amel quand elle est partie. Il s'est vengé sur moi, et je me demande combien de temps il faudra pour qu'il assouvisse sa vengeance.

Dans ma colère et ma souffrance, je me jure qu'un jour ou l'autre, ce fameux chemin « interdit », je le prendrai, et seule de surcroît! Plus jamais, même au prix d'une raclée comme celle que je viens de prendre, je ne baisserai la tête devant le KGB. Et un jour, il me le paiera...

Mes sœurs me relèvent et m'emmènent dans ma chambre. Foued est là, et c'est lui qui m'allonge sur le lit. J'entends Kathia qui pleure toujours. Je me retourne contre le mur, je ne veux plus rien voir, ni rien entendre...

La lumière de la chambre s'éteint, je reste seule dans le noir.

Au matin, toute la scène d'hier soir s'impose à moi. Au fur et à mesure que les images défilent devant mes yeux, elles sont à nouveau inondées par les larmes de la douleur et de la colère.

Je ne veux pas sortir de la chambre en montrant que je pleure encore. Alors, je me lève d'un bond la tête bien droite et me force à répéter :

– Ne pleure pas, Samia, ne pleure plus! C'est fini maintenant!

Plus je me dis de ne pas pleurer et plus les larmes s'imposent, mais je continue :

– Ne pleure plus, Samia, ou tu es la reine des connes! Il ne faut pas montrer au KGB qu'il t'a fait mal. Jamais!

À force de me le répéter, j'arrive presque à y croire. J'ouvre la porte de ma chambre et traverse l'appartement pour rejoindre la salle de bains. Je n'ai pas de bol que l'on soit samedi. Il va falloir que je reste tout le week-end enfermée, sans pouvoir me changer les idées avec Sabine. J'ai l'impression d'être un zombie. Je fais ce qui me revient de nettoyage mais je ne dis pas un mot, même pas à mes sœurs. Je sens que si j'ouvre la bouche, mes larmes sortiront en même temps que les mots. De toute façon, j'ai le cœur trop lourd pour dire quoi que ce soit, et si je veux continuer à croiser le KGB la tête haute, il faut que je me taise. Je ferme tout, et à tous.

Ma mother ne m'adresse pas la parole et je n'ose pas croiser son regard. Je ne peux pas la regarder dans les yeux, je n'y arrive pas, et je n'en ai pas envie non plus.

Je pense à Malik et je lui en veux de ne pas être là avec nous. Le seul qui pourrait nous défendre nous a abandonnées. C'est la première fois que je lui en veux autant.

Dimanche soir, il arrive à la maison. Je l'ignore tout autant que les autres. Pourtant, il vient dans ma chambre pour me parler.

– Qu'est-ce qui s'est passé pour que Yacine te mette dans cet état?

Je lui réponds:

– Tu l'as déjà vu agir normalement, ce mec? Tu es comme eux, toi, tu crois que si j'ai pris une raclée c'est pour quelque chose!

– Et le paquet de clopes?

– C'est pas moi, je ne fume pas, c'est le

paquet d'une copine, je lui gardais pour qu'elle ne se fasse pas engueuler!

– Elles sont sympa, tes copines! Qu'est-ce qui t'a pris de prendre ces clopes?

– Ce n'est pas sa faute et d'un, et de deux tu trouves normal de te faire frapper comme ça parce que tu as une demi-heure de retard et un paquet de cigarettes qui glisse par terre?

Malik ne me répond pas et je rajoute:

– Je vais te raconter, moi, ce qui s'est passé. L'autre con me frappait au ventre! Oui, exactement! Tu peux faire cette tête, c'est la vérité, tu n'as qu'à demander aux filles. D'ailleurs, depuis mes règles ont disparu. La mother, elle était là pendant tout ce temps. C'est elle qui l'a arrêté à la fin. Le father, lui, n'était pas là. Il n'est jamais là, de toute façon. C'est l'autre fou qui commande ici, avec l'accord des parents!... Quant à toi Malik, tu es le seul à ne pas être pareil. Je sais que tu n'es pas d'accord avec tout ce qui se passe, mais je t'en ai voulu de ne pas être là pour me défendre! Voilà, je t'ai tout dit maintenant, et si tu ne veux plus me parler, un peu plus ou un peu moins, ça ne changera pas grand-chose pour moi.

Il me regarde, bouche bée, surpris par mon ton et il dit:

– Tu sais très bien que je n'ai jamais été d'accord avec Yacine, même pour l'histoire d'Amel!

– Je le sais, mais la meilleure façon de le montrer, ce n'est pas de te barrer et de nous laisser seules avec lui.

Je m'étonne de lui parler ainsi, mais j'en ai trop sur le cœur pour le ménager. Malik s'approche de moi et me demande:

– Samia, d'après toi je suis un lâche, hein!

C'est ça que tu veux dire depuis un moment que tu tournes autour du pot!

Je baisse la tête.

– Réponds à ma question, s'il te plaît, Samia.

– Je t'en ai voulu... Je t'avoue que je t'en veux toujours, mais je ne peux pas dire que tu es un lâche, non! Mais même si la raison me fait penser que tu ne peux pas faire plus, que c'est difficile pour toi en tant que garçon, il n'empêche que, dans ma souffrance, la raison n'arrive pas à me rejoindre pour trouver sa place et se faire écouter.

Sur ce, je me remets à pleurer. Malik s'approche de moi. Il me console comme il peut et quitte la chambre. Je n'en ressors pas, même pour le repas.

Dès que Sabine me voit, elle comprend tout de suite qu'il s'est passé quelque chose pendant le week-end. Elle n'a pas besoin de me prier longtemps pour que je lui raconte. Je m'en veux de pleurer encore. Je ne sais pas pourquoi, mais le moindre mot me fait chavirer et pleurer à n'en plus finir. Je suis mal, ce n'est pas à cause des coups, mais j'ai comme l'impression d'avoir mal partout, sur moi, à l'intérieur, sans arriver à dire où. Sabine et Loretta sont de super copines, elles me consolent en traitant le KGB de tous les noms d'oiseaux que la terre peut porter. Puis on rentre en cours.

C'est une nouvelle prof de français que l'on a cette année, l'autre est partie à la retraite. J'ai accroché immédiatement avec cette prof. Elle a une façon de nous faire cours sans que l'on s'en rende compte vraiment, surtout pour le monde contemporain, où c'est à chaque fois une nouvelle histoire qu'elle nous raconte. Elle s'appelle madame Sallibert et je la trouve géniale. Je crois que c'est parce qu'elle nous parle, qu'elle ne nous prend pas *a priori* pour des débiles. C'est une prof qui nous apprend à apprendre et à comprendre, pas à ingurgiter. Elle nous fait confiance. Quand elle nous parle, on voit bien qu'on n'est pas si cancres qu'on a voulu nous le faire croire jusqu'à présent.

Depuis ce week-end horrible je ne supporte plus les vacances scolaires et les week-ends, surtout les dimanches, où j'ai l'impression que le temps tourne au ralenti. J'ai compris aussi que le lycée et ma seule porte de sortie et de liberté. Depuis que j'ai pigé ça, mes notes s'améliorent. Je suis presque devenue « une enfant sage » qui a de bonnes notes dans toutes les matières; enfin presque, parce que les maths ne passent toujours pas. On ne peut pas se refaire complètement et d'un seul coup ! J'arrive à être contente de moi, cela ne m'était pas arrivé depuis longtemps, même si je sais que ce n'est pas bien difficile et important par rapport aux carnets de notes de mes sœurs.

C'est en français que je m'en sors le mieux. Il est même arrivé que madame Sallibert lise mon devoir devant toute la classe. Et j'ai fait plusieurs fois les devoirs des autres, de Loretta par exemple. Je ne sais pas si madame Sallibert s'en est rendu compte, elle ne m'en a rien dit pour l'instant; j'adore ça, raconter des histoires à partir d'un sujet qu'elle nous donne. Elle nous fait lire toutes les semaines; lire et écrire sont devenus mes deux nouvelles passions. Dès que j'ai un moment, je file dans ma chambre avec un livre.

C'est un jour où l'ennui était trop pesant que je suis entrée dans la chambre de Malik, j'ai fouillé dans les cartons où il range ses bouquins. J'en ai feuilleté quelques-uns et peu à peu je me suis laissé bercer par le rythme des mots et par les histoires qui réussissaient comme par magie à effacer mon ennui et surtout à m'éloigner des autres. J'ai lu tous les livres de Malik; lorsque je me suis trouvée de nouveau face à mon ennui, je me suis inscrite à la bibliothèque.

À vrai dire, la première fois, je n'ai pas su quoi choisir. Je me suis laissé inspirer par les titres, et par les auteurs féminins. C'est ainsi que je me suis avalé tous les Sagan en commençant par *Bonjour tristesse.* Puis j'ai cherché des histoires où les femmes avaient le rôle le plus important ou celles qui parlaient des peuples opprimés. Je peux rester des heures à la bibliothèque à chercher le livre qui saura me captiver, et m'enfermer avec lui pendant toute une journée, à ne rien faire d'autre que suivre l'imagination de celle ou celui qui l'a écrit.

C'est lors d'une de ces sorties bibliothèque, la seule autorisée et équivalent aux sorties basket de mes sœurs, que j'ai fait connaissance avec Sacajawa. J'ai été comblée. À travers elle j'ai pu connaître l'épopée de ce peuple indien et vivre l'histoire (pas toujours marrante) véridique de cette femme qui avait une force hors du commun. J'ai adoré et admiré Sacajawa.

Puis j'ai demandé conseil à madame Sallibert. Le premier livre qu'elle m'a proposé était : *Mémoires d'une jeune fille rangée* de Simone de Beauvoir. Je l'ai pris à la bibliothèque et me suis efforcée de le lire. J'avoue que j'ai eu du mal à me concentrer sur l'histoire, je ne comprenais pas très bien où elle voulait en venir. Mais je suis allée jusqu'au bout. J'ai terminé le livre par curiosité, et surtout pour faire plaisir à madame Sallibert. Qu'elle soit fière de moi... Ce n'est pas toujours facile à respecter, mais je m'oblige à ne pas fermer un livre uniquement parce que je ne le comprends pas tout de suite. J'essaie d'appliquer ce conseil que nous a donné madame Sallibert en classe :

– Il reste toujours quelque chose de ce que nous lisons, même si nous pensons ne pas avoir tout compris sur l'instant.

Bien sûr, il m'arrive souvent de ne pas tout comprendre de ce qu'elle me conseille de lire, alors, j'alterne ses choix avec les miens. Les siens me permettent d'apprendre, de mettre de côté ce que je n'ai pas compris mais que, d'après elle, je saisirai plus tard; les miens me permettent de m'échapper toujours un peu plus loin. J'aime lorsque j'arrive à entrer dans une histoire bien racontée et que je ne peux plus me passer d'elle. Je ressens la même chose que lorsque je vais au cinéma. Je me retrouve devant cet écran blanc, géant, et quand les histoires me plaisent et qu'elles sont belles, je me surprends à avoir envie de rentrer dans le film, pour passer un moment parmi ces personnages que je trouve super, les connaître vraiment pour qu'ils m'aident à tenir le coup, avant de rencontrer et connaître enfin la liberté.

C'est cette idée qui m'aide à tenir : foutre le camp. Je sais qu'ils pensent tous que j'ai enfin cédé, et c'est vrai que je me tiens à carreau et ne fais plus aucune connerie. Souvent, je me dis qu'heureusement que l'école est une chose importante pour mes parents parce que sinon, la situation serait encore plus grave.

J'ai aussi commencé mon premier journal,

celui à qui je confie ma tristesse et mon désarroi quand ceux-ci s'imposent à moi trop longtemps. La cachette n'est connue que de moi seule, et dans un endroit que même le KGB ne pourrait pas trouver. Et j'écris autant que je lis. Souvent je le fais dans mon lit, le soir, quand tout est éteint dans la maison, et que je me sais seule à veiller avec ma petite lampe de poche pour seule lumière.

Les livres et mon cahier journal sont devenus mes plus chers complices et amis...

Je flippe complètement à l'idée de passer ces deux mois de vacances au Paradis. Je rêve du jour où j'aurai le courage de foutre une bombe dans ce Paradis merdique! En attendant ce jour joyeux, c'est le ramadan qui s'annonce. Moi et la femme que je suis devenue devrions nous le taper pendant au moins trois semaines. Mais moi, j'en ai décidé autrement! Ce n'est pas tant de ne pas manger que je refuse que de me faire bouffer par toutes ces interdictions. Ça va, je n'arrête pas de donner à ce niveau-là, avec le KGB qui est constamment derrière mon dos. Je ne sais pas si mes sœurs vont faire comme moi; je ne le leur demanderai pas.

Il y en a un qui a bien compris, c'est Malik. Un matin il est venu, il a fait ses valises, il a embrassé ma mother qui, bien sûr, pleurait et il a foutu le camp. Depuis, il habite avec sa Sirène. Même si je lui en veux un peu de partir et de nous laisser seules en face du KGB, je me dis aussi qu'il a raison. Après tout, pourquoi rester dans une telle ambiance quand on ne vous y oblige pas? Il faut être fou pour l'accepter. Si j'avais sa chance, je me serais barrée depuis longtemps déjà. Mais bon, ce n'est pas encore mon tour, je patiente avec mes livres et mon journal. Si, avant, je ne savait pas ce que je ferais ou deviendrais, maintenant je le sais : Je veux être Libre !

En plus de la lecture et de l'écriture, je passe pas mal de temps à rêver, à me raconter de belles histoires que j'invente pour me faire plaisir. Je me vois seule et tranquille dans mon petit studio... J'adore me passer cette image dans la tête. Et ce ne sera pas qu'un film en cinémascope... Mais pour le réaliser, il me faut mon CAP, ainsi j'irai vite travailler et gagner mon argent. Ce n'est pas qu'être vendeuse m'enchante particulièrement, mais puisque j'y suis, autant bosser pour me barrer le plus vite possible. C'est ma seule porte de sortie. La même qu'Amel. Je comprends mieux pourquoi elle s'est tirée. Et dire que la dernière fois ma mother nous disait que c'était à cause d'elle que nous n'avions plus le droit de sortir ! Tu parles ! Ils guettent en nous le réveil de la femme pour mieux l'assommer et l'enfermer. Ils vous disent : « C'est bien de devenir grande et d'être une femme ! », mais après, cette même femme, on dirait qu'elle leur fait peur ! Ils préfèrent l'arrêter et l'emprisonner avant que ce soit trop tard. Mais trop tard pour qui et pour quoi ?

Il paraît que c'est la religion qui veut ça, et que chez nous la femme n'a pas le droit de faire telle ou telle chose, en bref, de vivre normalement ! « Ça ne se fait pas chez nous », c'est la phrase magique pour dire qu'il lui faut absolument rester enfermée ! De toute façon, il n'y a rien qui se fait « chez nous » ! La religion, elle a bon dos quand même ! C'est trop facile ! On ne nous a jamais parlé de la religion. C'est vrai que mon father et ma mother prient, mais jamais on n'a su ce que cela voulait dire. Aucune explication, aucune histoire racontée sur la religion. Et d'un coup, on nous dit que c'est la religion qui nous interdit de vivre comme on le voudrait!

Jamais on ne me demande mon avis, si je suis d'accord ou pas. Pour moi, ce n'est pas ça la religion. Je ne sais pas vraiment ce que c'est, mais je ne peux pas croire que c'est uniquement des interdictions qui nous rendront heureux. Du moins pour la femme, parce que les hommes s'en sortent plutôt bien, dans cette histoire. Je suis sûre que le Livre a été écrit par un homme. Ce n'est pas possible autrement, une femme n'aurait pas pu enfoncer et trahir ses propres sœurs!

Oui, c'est ça, les hommes avaient encore besoin de montrer et de prouver qu'ils étaient les plus forts, et ils ont encore décidé pour nous... Le KGB est un descendant direct de ce genre d'hommes. À la base ils sont déjà méchants, et la religion ne leur sert qu'à assouvir leur méchanceté.

Sur le dos de la religion, ma mother a eu la dernière fois une idée « géniale ». Bien sûr, elle ne nous avait pas mises au courant...

Il était environ deux heures quand on a sonné à la porte. Ma mother est allée ouvrir, c'était une femme, une de ses copines. C'est du moins ce que l'on s'est dit, avec Kathia, mais on aurait dû avoir un doute en voyant sa tête... Elle était moche, mais alors une horreur! Avec des yeux globuleux, une grosse bouche et toutes les dents dehors : une vraie sorcière! Et c'en était une! La Mother nous a appelées, Kathia et moi, dans son quartier général. La sorcière était assise près de la fenêtre, elle nous regardait avec un grand sourire qu'elle voulait, je suis sûre, rassurant, mais qui a eu pour effet de nous faire reculer au moment d'entrer dans la cuisine. Ma mother nous a ordonné d'approcher, et elle a dit, en regardant l'autre sorcière :

– Voilà, je te présente mes deux plus jeunes filles !

Franchement, j'ai frissonné. La sorcière a allongé son bras et a commencé à caresser le nôtre, de bras, le mien et celui de Kathia, en disant :

– Tu as de bien belles filles, dis donc !

Ma mother en a souri de fierté, mais pour nous c'était vraiment l'horreur. Je ne la sentais pas, cette folle, et je commençais vraiment à flipper. Je regardais Kathia et je lisais dans ses yeux la même peur. On était debout comme deux statues, quand ma mother nous a dit de nous asseoir sur les deux chaises qui, visiblement, étaient prévues pour nous. Alors, la sorcière a sorti une espèce de trousse avec un drôle d'attirail à l'intérieur, dont une lame de rasoir, du coton, de l'alcool et des raisins secs.

J'étais blanche. Kathia, angoissée, s'est mise à pleurer ; moi, j'avait tout aussi peur, mais aucune larme n'accompagnait ma crainte.

La sorcière s'est levée et s'est approchée de nous avec tout son matériel. Elle s'est agenouillée à mes pieds, je ne comprenais rien à ce qu'elle faisait. Je regardais ma mother pour qu'elle m'explique tout ce cirque, mais elle ne me regardait pas et ne disait toujours rien. C'est à ce moment-là que j'ai vu la lame de rasoir dans la main de la sorcière. J'ai sursauté et j'ai commencé à bouger sur la chaise. Je voulais foutre le camp, mais la mother s'est approchée et m'a tenu les deux mains. Elle essayait d'être gentille en me disant que cela serait bientôt fini, que c'était pour notre bien.

En attendant, Kathia a filé se planquer je ne sais où en criant et en pleurant. La sorcière m'a fait un premier trait à l'aide du rasoir juste au-dessus du genou; un mince filet de sang s'est mis à couler, la sorcière y a trempé un raisin sec en faisant une sorte de prière. Je la revois encore, cette horreur avec ses gros yeux, elle m'effrayait et me dégoûtait à la fois.

Le pire, c'est quand elle m'a enfourné le raisin sec dans la bouche. Ah! J'ai cru que j'allais tout dégueuler sur sa sale tête, j'aurais eu au moins ce plaisir! Elle a recommencé à deux reprises : marque au rasoir, filet de sang, raisin sec, prière et hop! dans la bouche. J'ai essayé de résister en gigotant le plus possible sur la chaise, mais elles étaient deux contre moi!

Ce n'est pas tant le petit coup de rasoir qui m'a impressionnée, c'est surtout d'être obligée de bouffer ce raisin sec ensanglanté. Pouah! Depuis, je ne peux plus regarder des raisins secs, j'ai fait une fixation sur eux. Quand j'en vois un, j'ai envie de vomir.

Après, il a fallu aller chercher Kathia qui s'était cachée sous le lit, dans le coin près du mur pour qu'on ne puisse pas l'atteindre. Ma mother ne s'est pas pris la tête, elle a déplacé le lit, elle s'est mise d'un côté et la sorcière de l'autre; la pauvre Kathia s'est retrouvée coincée à s'accrocher au sommier pendant que l'une ou l'autre essayait de la tirer vers elle.

Ma mother avait réussi à l'attirer de son côté et à la prendre dans ses bras, mais quand Kathia s'est retournée et qu'elle a vu la gueule de la sorcière, elle s'est mise à pleurer de plus belle. Il fallait voir comme elle s'accrochait à ma mère qui, tant bien que mal, a réussi à l'emmener dans le cuisine et à l'asseoir. Rapidement, l'autre folle a fait les trois traits au rasoir, trempé le raisin sec en récitant sa prière... mais pour l'enfourner dans la bouche, ç'a été une autre paire de manches!

D'abord, elle s'est reçu le premier raisin de sang en plein dans son œil globuleux. C'était trop bon, la gueule qu'elle a fait à se moment-là! Alors ma mother a serré la mâchoire de Kathia, la lui a refermée et lui a bien levé la tête pour être sûre que le raisin descende dans la gorge. Pour les deux autres, c'est devenu plus facile, Kathia était tellement fatiguée d'avoir peur et de pleurer qu'elle s'est laissée aller. Après tout ça, l'autre folle a eu le culot de passer sa main sur le visage de Kathia pour la consoler. Kathia s'est reculée, elle s'est collée contre ma mother qui l'a ramenée dans la chambre pour l'allonger.

Je n'ai pas pleuré, ce jour-là, je ne sais pas si c'est normal mais je me sentais comme sèche de l'intérieur, ou peut-être que j'ai compris que la mother avait disjoncté. De toute façon, j'ai voulu vite oublier. Je me suis même dit : « Samia, ne t'encombre pas la tête avec un truc aussi tordu! Vite, vite, oublie-le, c'est mieux pour toi! » C'est vrai, le décor est assez moche pour que je n'emmagasine pas en plus ce genre d'horreur! Alors je me suis dépêchée d'oublier, et même de me dire que ce n'était pas trop grave, qu'après tout, ce n'était que le délire, mauvais c'est sûr, de la mother, et que ce n'est pas pour ça que ça devait devenir le mien!

Le soir on a entendu mon father engueuler ma mother parce qu'elle avait fait venir cette sorcière sous son toit. Il lui a dit qu'il ne voulait plus que ça se reproduise, que ce n'était pas de la religion mais de la sorcellerie et qu'il n'y croyait pas.

Pour une fois mon father m'a fait plaisir. Mais ce qui m'emmerde le plus, c'est que je ne sais toujours pas pourquoi la mother nous a fait ça, à Katia et à moi. Contre quoi et contre qui elle a voulu nous protéger, je n'arrive pas à suivre. Et puis pourquoi nous l'avoir fait uniquement à toutes les deux? Pourquoi pas à Naïma et Samira?

Toujours est-il que ça doit la rassurer, maintenant, parce qu'il est vrai que nous n'avons plus le droit de jouer en bas, because les garçons qui traînent devant les entrées d'immeubles, nous avons quand même gardé le doux privilège de nous rendre à la plage. Pas tous les jours, ce serait trop beau, de temps en temps, et seulement à la condition d'y aller toutes les quatre ensemble en indiquant l'endroit où l'on se trouve pour que le KGB puisse venir à n'importe quel moment de l'après-midi et vérifier que l'on ne raconte pas de mensonges. Et le pire, c'est qu'il vient vraiment voir si on y est, et dans quelle tenue! Comme si on avait envie de se mettre seins nus! Je n'aï pas besoin que cela soit interdit, j'aurais trop honte de me mettre à moitié nue devant des gens que je ne connais pas!

C'est au cours d'un de ces après-midi plage que Naïma nous explique le pourquoi de la « Sorcière aux Raisins de Sang ».

– Allez, arrête, Naïma! Ne me dis pas que si la mother nous a fait cette séquence horreur, c'est uniquement pour que l'on reste vierges?

– Si je t'en parle, c'est que je le sais, quand même! me répond Naïma, un peu énervée.

– Et par qui tu le sais ? lui demande Samira. Puisque la mother ne nous l'a pas fait à toutes les deux !

Kathia ne dit pas un mot, on dirait qu'elle n'est pas concernée.

– Je le sais par Amel qui, un jour, m'a raconté que la mother lui avait fait la même chose. Samira et moi, on était encore trop petites, et maintenant c'était trop tard pour qu'elle nous le fasse.

Je lui demande :

– Trop tard par rapport à quoi ?

– Ça fait trop longtemps que Samira et moi sommes réglées, alors que toi et Kathia, c'est encore récent. C'est donc pour vous protéger : au cas où vous seriez violées, ou si vous alliez de vous-mêmes avec un homme, vous resteriez toujours vierges pour votre mariage !

– Je ne le crois pas !

Samira est, tout comme moi, sonnée par cette révélation. Kathia ne parle toujours pas. Je reprends :

– Je ne crois pas qu'il suffise de faire un truc aussi con et moche pour rester vierge à son mariage. Et, d'abord, qui a dit que j'avais envie de me marier ? Si c'est pour tomber sur un tordu comme le KGB, je préfère rester seule !

– Qu'est-ce que tu as à t'exciter ! Je ne fais que te raconter ce que je sais, même si je trouve comme toi que cette histoire est complètement nulle !

Je me mets à penser à Amel. Où est-elle ? Qu'est-elle devenue ? Qu'est-ce qu'elle fait ?

Je me tourne vers Naïma.

– Et toi, tu ne sais pas où elle est Amel ? Ça fait bientôt un an qu'elle s'est barrée et on ne sait pas ce qu'elle est devenue. Elle aurait pu nous donner de ses nouvelles, quand même, nous sommes ses sœurs, non ?

Naïma me regarde en clignant les yeux. Elle a le soleil sur le visage, mais je me demande si c'est vraiment cela qui l'a fait répondre bien après que ma question a été posée. Je lui dis, un peu énervée :

– Alors, tu n'as pas confiance ou quoi ? Tu as peur que je moucharde ?

– Que tu es bête, alors, Samia ! Je réfléchissais, c'est tout. J'étais en train de me demander par où j'allais commencer pour vous raconter l'histoire d'Amel. C'est un vrai feuilleton et elle a bien assuré son coup, personne ne sait toujours rien !

Je trouve qu'elle en fait un peu trop, la Naïma, genre je suis au courant mais pas vous, et fière de l'être ! Mais aucune de nous ne le lui dit, on est trop curieuses de savoir. Samira lui demande :

– Mais je croyais que tu n'étais au courant de rien ?

– C'est vrai ! Au début je ne savais rien et tant mieux, mais par la suite Amel s'est débrouillée pour entrer en contact avec moi. Elle voulait savoir comment les parents avaient digéré la pilule.

Je la coupe :

– J'espère que tu lui as répondu que ce n'est pas demain la veille qu'ils digéreront ce genre de pilule ! Trop forte pour eux ! Et que depuis, c'est le Why à la maison !

– C'est quoi, le Why ? me demande Samira.

– Je veux dire que depuis c'est le bordel, que tout est en désordre à la maison ! C'est tout !

– Ce n'est pas sa faute que je sache ! me répond, agressive, Naïma.

– Ce n'est pas non plus ce que je voulais dire. Seulement donne-lui les bons renseignements, tant qu'à faire; qu'elle ne croie pas quand même que depuis, on s'éclate. Je te connais, toi, rien que pour ne pas lui faire de la peine, tu es capable soit de ne pas lui dire la vérité, soit d'arrondir les angles!

– Non mais pour qui tu me prends? me dit, cette fois-ci en colère, Naïma. Je lui ai raconté toute la vérité!

Ça m'énerve le ton qu'elle prend pour me parler, je sens la dispute force dix, c'est pourtant très rare que cela nous arrive. Je lui balance :

– Et puis d'abord, pourquoi toi et pas nous? On ne sait rien, ça ne la gêne pas de ne pas nous voir. Après tout on ne doit pas trop lui manquer!

– Arrête de dire n'importe quoi! me répond Naïma qui, visiblement, s'est calmée. Si elle ne vous a pas contactées c'est pour éviter que vous ayez des histoires avec le KGB s'il s'amusait à vous cuisiner. C'est uniquement pour ça et pas parce qu'elle s'en fout. Même moi, je te l'ai dit tout à l'heure, je n'étais pas au courant, au début. Alors un après-midi, au lieu d'aller en cours, je suis allée chez elle.

– Ah! Parce qu'en plus tu es allée chez elle! Bravo! De mieux en mieux! C'est vraiment intéressant!

Je me tourne alors vers Kathia et Samira en leur disant :

– C'est chouette, quand même, la solidarité!

C'est Samira qui répond :

– Tu mélanges tout, Samia. Ça n'a rien à voir avec la solidarité. C'est simplement que Naïma est plus âgée que toi et Kathia, et surtout qu'elle est plus proche d'Amel, c'est tout!

Je sais que Samira a raison, mais c'est plus fort que moi, je suis contrariée d'avoir été tenue à l'écart.

– Bon, je peux commencer à raconter comment elle a fait ? demande Naïma.

Je ne dis rien d'autre. Comme je veux savoir, il n'y a qu'une solution : la fermer !

Kathia n'a rien dit pendant la dispute. Depuis le coup des raisins ensanglantés, elle parle moins, on la laisse tranquille sans lui poser de questions. On le sait bien que ça l'a un peu choquée, alors il vaut mieux attendre que ça passe tout seul !

Naïma commence à raconter :

– Voilà, Amel a simplement demandé une mutation dans un autre quartier, bien éloigné du Paradis. Vous vous souvenez lorsque le KGB lui a fracassé la tête parce qu'on l'avait vue avec un mec ?

– C'est une question ? dis-je, un peu moqueuse.

– Eh bien, cet homme c'était, et c'est toujours, son chef de service. C'est le mec avec qui elle vit. Ils ont demandé ensemble leur mutation pour ne pas avoir d'histoires. Comme il était chef, ça a été plus facile. Ils ont tout préparé à l'avance, même ce que la responsable devrait répondre au KGB, parce que c'était plus que sûr qu'il viendrait. Amel avait donné sa démission sans en parler à personne. Et ça a marché. Si le KGB s'était rendu compte avant que l'homme en question travaillait avec elle, il aurait tout fait pour que le father interdise à Amel d'aller travailler.

– Mais le KGB et les parents se doutent bien qu'elle n'est pas partie seule et qu'elle est avec un mec. Il ne faut pas non plus croire qu'ils sont bêtes à ce point.

– Ce n'est pas ce que j'ai dit, simplement ils ne savent pas qui est cet homme!

– Eh ben! dis-je, heureusement qu'ils lui ont fait le coup des raisins de sang, avec tout le tralala, ou sinon qu'est-ce qu'elle aurait pu faire de pire!... C'est vraiment n'importe quoi, tout ça! Remarque, tant mieux pour elle, on peut même s'amuser à penser que l'on peut rester vierge toute sa vie. C'est pas un bon plan ça?

Je demande à nouveau à Naïma :

– Tu sais où elle habite, alors?

– Oui, je sais! Mais j'ai promis de ne rien dire. Tu m'excuseras, Samia, mais avant que tu me demandes l'adresse, sache que je n'ai pas le droit de parler. Déjà je trouve que j'en ai trop dit, ajoute-t-elle en levant les bras au-dessus de sa tête pour montrer qu'elle ne peut vraiment rien révéler et, surtout, qu'une promesse est une parole donnée qui ne se retire pas.

Pour toute réponse je lui dis :

– Je n'en ai rien à faire de savoir où elle crèche! Cela fait bientôt un an que je ne l'ai pas vue, alors un peu plus ou un peu moins...

Sur ce, la discussion s'arrête. Nous nous murons dans un silence qui est devenu de plus en plus fréquent. Je me suis aperçue, d'ailleurs, que notre langue « S » ne nous sert plus vraiment à grand-chose, si ce n'est à désigner entre nous la mother, le father et le KGB. On se donne l'illusion d'avoir un code, une langue secrète que nous pouvons utiliser surtout devant nos trois acteurs principaux, mais dans ces discussions, il n'y a plus rien de personnel. Ces secrets que peuvent avoir les filles de notre âge à propos de leur petit copain, nous n'osons pas nous les dire.

Sans doute pour la simple raison que les adultes ont réussi à nous atteindre dans ce qu'on a de plus intime : notre histoire. Elle n'existe pas vraiment, si ce n'est à travers eux et leur foutue loi.

Je me rends compte également que nous affrontons chacune la solitude. Nous sommes, malgré notre cohésion, bien seules. Aucune de nous n'ose parler franchement de ce qui la tourmente. Petit à petit, nous nous laissons emmurer dans toutes ces interdictions. Je nous sens abandonnées dans notre mal-être.

Les vacances, et l'enfermement qui va avec, tirent à leur fin. Je n'ai jamais autant désiré retourner en classe, retrouver Sabine que je n'ai pas vue pendant tout ce temps passé au Paradis.

Mais à la maison, l'ambiance s'est un peu radoucie, grâce à l'arrivée de la sœur aînée de ma mother. On l'a baptisée « Cochise. » Il est dit que toutes nos tantes d'Algérie ressemblent tellement à des indiennes qu'on ne peut que leur donner des noms indiens.

Cochise a, dès le départ, les mêmes questionnements que Géronimo. C'est le premier voyage de sa vie et la première fois qu'elle vient en France. Tout est surprise, et l'une des plus grandes est sans aucun doute la télévision. Est-ce que ce sont de véritables personnes qui gesticulent à l'intérieur de cette boîte ? Ma mother se fait un point d'honneur de lui expliquer que ce sont de véritables personnes. Alors Cochise, admirative à l'égard de sa sœur, lui demande comment elles font pour se rapetisser autant et rentrer dans la télé. Il faut dire que là, ma mother est impuissante à donner une explication quelconque. C'est le KGB qui se lance dans les réponses où reviennent souvent les mots caméras, film...

Nous sommes écroulées de rire à voir la tête de Cochise. Elle n'a pas l'air d'être plus éclairée et notre mother, à chaque mot scientifique qu'elle-même ne connaît pas, hoche la tête avec sérieux, en signe d'approbation.

Je la sens bien, Cochise, elle me paraît douce et juste. Je suis présent lors d'une conversation qui réunit la mother et Cochise dans le quartier général pour la préparation du repas du soir. C'est la mother qui commence :

– Tu ne peux pas t'imaginer, ma sœur, ce que j'ai pu souffrir au cours de ces derniers mois. Amel est partie en nous laissant la honte pour la remplacer, son père non plus ne s'en est pas vraiment remis. Je suis heureuse que tu sois parmi nous, j'ai besoin de beaucoup de soutien.

Cochise lui répond :

– Oui, ma sœur, maintenant je suis là près de toi, ne t'inquiète pas, tu pourras un peu te reposer sur moi.

Moi, pendant ce temps, je joue la carte du silence. Je n'aime pas ce genre de discussion où je me sens toujours coupable à la place d'Amel. Surtout que ma mother ajoute, cette fois-ci avec un hochement de tête dans ma direction :

– C'est facile à dire de ne pas s'inquiéter ! J'en ai quatre qui suivent derrière. Quatre filles qu'il faut déjà surveiller si on ne veut pas qu'elles fassent comme Amel ! Tu vois l'exemple qu'elle leur a donné! Si j'avais pu avoir quatre garçons, j'aurais moins de soucis à me faire! Tu sais, depuis cette histoire d'Amel, les gens n'arrêtent pas de parler! Ah! C'est dur pour moi, ma sœur, si tu savais...

Ma mother se met à pleurer. Je ne supporte pas de la voir ainsi. Notre tristesse est à des niveaux différents, on ne la vit pas de la même façon, mais elle est là, présente.

Cochise s'approche de sa sœur.

– Ne te préoccupe pas des gens qui parlent! Ceux-là mêmes, un jour, trouveront devant leur porte ce qu'ils ont le plus calomnié et rejeté. Ne t'inquiète pas à cause d'eux, leur tour viendra.

– Mais moi je n'arrive plus à dormir, je pense toujours à Amel! Et regarde-moi, Samia, regarde comme ta mère souffre et pleure! Tu le vois un peu! Dis-moi que tu ne feras jamais comme ta sœur, dis-le-moi...

Tournant la tête vers sa sœur, ma mother ajoute :

– Cette maison n'est plus la même depuis. L'odeur que j'y respire n'est plus aussi goûteuse! Même mes filles ont changé, tout n'est que tristesse dans cette maison!

Elle pleure contre sa sœur, on dirait qu'elle l'attendait juste pour laisser sortir cette angoisse qui la ronge autant que nous tous.

J'ai mal pour ma mère, je voudrais me lever et fuir cette histoire, mais je n'y arrive pas, je suis rivée à ma chaise avec l'économe dans une main et les pluches dans l'autre.

Cochise pourtant reprend :

– Je comprends et vis ta douleur comme si elle était mienne, crois-moi, ma sœur. Mais il y a une chose que je voudrais te dire, non pas pour te mettre en colère ou te raisonner, mais simplement pour t'aider peut-être à accepter comme une fatalité ce qui vous arrive : vos enfants ont grandi ici, en France, vous avez voulu le meilleur pour eux, les instruire, leur donner ce qu'ils n'auraient peut-être pas eu en restant au pays, où ils auraient eu une autre vie... Vous ne pouvez pas prendre le meilleur et rejeter le pire à leur place. Ce sont eux qui choisiront, il faut l'accepter. Comment veux-tu que toutes ces lumières n'ouvrent pas leurs yeux ? Ce n'est pas possible ! C'est pour ça que je te dis d'arrêter de te tourmenter, tu ne pourras rien changer à ce qui doit se passer. C'est peut-être Dieu qui l'a voulu ainsi et il nous faut l'admettre, l'accepter. Je vais même te dire, et après, si tu veux, nous n'en reparlerons plus : Yacine est trop méchant avec tes filles. On peut être sévère, c'est vrai, mais lui, il exagère. Tu es sa mère et tu devrais intervenir plus souvent pour le lui rappeler et le calmer. Et sache que, quoi qu'il arrive, c'est malgré tout ses filles que l'on retrouve, les fils, eux, se laissent emporter par leurs femmes et elles les attirent toujours loin de nous. Tu verras ce que je te dis...

Alors là, Cochise m'en bouche un coin ! Si l'on m'avait dit que j'avais en Algérie une tante philosophe, cela m'aurait bien fait rire. Et ma mother a l'air aussi surprise par les propos de sa grande sœur. Elle ne s'y attendait pas ! Elle ne sait d'ailleurs pas si elle doit y adhérer ou pas, surtout devant moi qui suis heureuse d'avoir entendu tout ce discours.

Je regarde Cochise avec une telle reconnaissance qu'elle en est gênée. Elle me prend l'économe des mains et continue les pluches en me disant :

– Allez, Samia, va rejoindre tes sœurs! Tu en as assez entendu pour aujourd'hui.

Je jette un dernier regard à ma mother et sors de la cuisine, toute fière de pouvoir rapporter ces paroles à mes sœurs. C'est un bon jour, j'espère que les paroles de Cochise auront un doux écho aux oreilles de ma mère.

Puisse cela la rendre moins triste...

Nous avons toutes repris les cours, moi toujours à pied pour avoir mon argent de poche. J'entame donc ma troisième année de vente. Naïma se retrouve avec Samira en terminale. Cette année, elles passent leur bac. Kathia grimpe dans la classe supérieure ainsi que Foued, à part que lui, il n'y serait pas, ce serait la même chose.

Il y a quelques jours, Sabine m'a fait un drôle de plan. Maintenant, on est souvent ensemble; Loretta a quitté le LEP pour travailler dans l'épicerie de son quartier. On était dans la cour pendant la récréation, celle qui est la plus longue, à dix heures. Elle me dit :

– Eh! Sam! Tu n'as rien remarqué?

Je lève la tête, la regarde.

– Quoi? Qu'est-ce qu'il y a à remarquer?

– Ne me dis pas que tu ne l'as pas vu, quand même?

– Mais de quoi tu parles, à la fin? Tu es énervante, Sabine!

– Tu devrais dire de qui je parle, et là tu saurais!

Elle m'énerve, alors je lui réponds, un peu en colère :

– Oh ! Tu me la joues quoi, là ? Histoire sans paroles ? Qu'est-ce que tu veux me dire ?

Sabine semble hésiter un peu, puis elle me lance :

– Lui, là-bas ! Suis discrètement mon regard et tu verras ! Discret, discret, Sam !

Je suis son regard, me retourne vers Sabine et lui dis :

– Et alors ?

– Tu n'as pas encore remarqué que ça fait plusieurs jours qu'il te regarde chaque fois qu'il passe devant nous ?

– Si, je me suis rendu compte ! Mais qu'il reste à sa place, c'est beaucoup mieux comme ça !

– Mais Sam, tu as seize ans passés et, depuis que je te connais, je ne t'ai jamais vue sortir avec un garçon. Tu n'en parles jamais !

– Et alors, c'est une tare de ne pas sortir avec un garçon ? Je n'en ai pas envie, c'est tout ! Sors avec lui si ça te dit, mais non merci pour moi !

– Tu dis n'importe quoi, Sam ! Ça n'a aucun rapport avec le garçon, c'est toi et toi seule qui ne veux pas. Pourquoi ? Dis-moi, Sam !

Sabine a réussi à me mettre en colère :

– Tu veux que je lui dise quoi, à celui-là ? Oui d'accord, je veux bien sortir avec toi, mais voilà, il y a plusieurs problèmes : premièrement, je n'ai pas le droit de sortir, jamais, alors on ne se verra qu'au lycée. Deuxièmement, si je me fais attraper avec toi, je me fais tuer et toi avec.

Je me tourne vers Sabine et rajoute :

– Tu te rappelles la danse du ventre que m'a fait danser le KGB ? Eh bien je ne veux plus que ça recommence ! Comprends bien, Sabine, que je n'ai pas le droit d'avoir envie de quoi que ce soit. Et surtout pas de sortir avec un garçon, je n'ai pas le droit d'être amoureuse! Tu ne te rends pas compte de la galère que c'est. J'ai trop peur de ma famille et j'ai trop honte de le raconter à un mec.

Sabine se tait, je crois qu'elle ne sait pas trop quoi répondre. Je continue :

– Alors, Sabine, tu vois bien qu'il peut me regarder tant qu'il veut, mais c'est tout!

– Qu'est-ce que tu en sais qu'il n'acceptera pas de te voir uniquement au lycée? Ça serait toujours ça pour toi plutôt que de n'être avec personne!

– Merci pour moi, Sabine, tu as vraiment du tact pour dire les choses. Je ne veux rien lui dire, moi, à celui-là. Tu n'as pas encore compris que c'est la honte pour moi si je lui raconte tout ça? Je vais passer pour une nunuche, je n'ai pas envie de commencer à raconter ma vie! Tu sais quand tu habites « Le Paradis de la misère », tu n'as pas spécialement envie d'en parler!

– Oh! là! là! Tu vas chercher de ces trucs, franchement! Laisse-toi un peu aller, puisque je te dis qu'il te verrait uniquement au lycée.

– Ah, oui! Et comment tu le sais... Qu'est-ce que tu m'as fait comme plan, Sabine? Hein, dis un peu? Qu'est-ce que tu lui as dit?

Elle est gênée, c'est le moins qu'on puisse dire.

– Ne t'énerve pas, Sam, je vais te raconter; il est venu me demander de lui monter la barre.

– Monter quoi?

– Ben oui, il aimerait savoir si tu voudrais bien sortir avec lui! Voilà! Alors?

– Alors quoi? Je n'en sais rien moi, pourquoi tu n'as pas commencé par la question?

– Je ne savais pas comment tu le prendrais, je voulais d'abord tâter le terrain puisque je ne t'ai jamais vue sortir avec un garçon.

Je suis mal et me sens nulle. En fait, je ne sais pas vraiment ce que je veux, et j'ai même l'impression que cela se mélange avec ce qui m'est permis de faire ou pas. Et Sabine qui me dit :

– Sam ! Tu ne m'as toujours pas dit : il te plaît ou non ?

Je culpabilise déjà avant de répondre que je le trouve pas mal. En le disant à Sabine, j'ai la trouille que cela se sache dans ma famille. Je ne sais pas comment, mais avant même de sortir avec lui j'ai peur parce que c'est interdit. Pourtant, c'est vrai que j'en ai assez de ne pas être comme les filles de mon âge, alors peut-être que, peut-être que...

Avant la fin de la journée, Sabine est allée dire à Ludovic que j'étais d'accord, mais à la seule et unique condition que cela se passe dans le lycée ou chez elle, comme elle me l'a gentiment proposé.

J'attends ce premier rendez-vous avec peur, mais aussi avec impatience, fierté de pouvoir plaire. Je me sens également coupable de m'être laissée aller ainsi, et les questions commencent : « Ai-je bien fait ? Et si je me fais attraper cela va être l'horreur !... » Au fur et à mesure que l'heure approche, je flippe de plus en plus. Sabine est plus excitée que moi, on dirait que c'est son premier rendez-vous.

Ludovic nous attend devant le portail. Je suis très mal à l'aise, et plus on avance vers lui, plus je me cache derrière Sabine, histoire de retarder le moment de la rencontre. Mais Sabine me tire par la manche, qu'elle tient pendant un moment, afin de m'obliger à marcher près d'elle.

On arrive devant Ludovic, et Sabine fait les présentations. Je n'ose pas le regarder dans les yeux. J'ai peur de voir le KGB à sa place, et l'idée que je suis en train de faire une monstrueuse connerie qui risque de me coûter cher s'impose à moi. Sabine le sent. Elle enchaîne en se mettant entre nous deux :

– Bon ! Et si on y allait maintenant, hein ? Un bon petit chocolat à la maison avec musique et petits gâteaux, c'est pas génial ça ?

Elle me prend par le bras, et me pousse à le suivre au cas où je partirais dans l'autre direction.

Nous arrivons chez Sabine, nous mettons la musique et ils dansent. Pas moi. Je reste assise comme une gourde. Pourtant, je danse avec Sabine, mais j'ai honte devant Ludovic. Lui, par contre, il n'est pas gêné.

Sabine me fait les gros yeux parce que je ne bouge pas. En plus, elle a eu la bonne idée de mettre un slow pour que je danse avec Ludovic. Je me suis barrée vite fait dans les cabinets et n'en suis ressortie qu'au changement de rythme. Elle est folle, cette Sabine ! Elle veut que je me colle à lui alors que je ne le connais pas ! C'est la première fois et j'ai peur d'être bête. Franchement, je me demande comment j'ai pu lui plaire. Je suis tellement flippée que pour revenir dans le salon c'est tout un trafic.

Le moment de se quitter arrive. Je prends mon sac de toile, adresse un au revoir rapide à Ludovic avec un signe de la main, mais voilà qu'il me dit :

– Attends, Sam ! Je pars avec toi !

Je regarde Sabine qui, visiblement, s'amuse beaucoup de la tête que j'affiche. On se retrouve dans l'ascenseur chacun dans son coin. En fait, il n'est pas si à l'aise que je le croyais. Moi, en tout cas, je n'ose même pas lever la tête au cas où mes yeux croiseraient les siens. Je me sens bête et gauche. Je le regarde enfin pour lui sourire. Ludovic choisit ce moment pour s'approcher un peu plus près de moi. Je suis dans tous mes états. C'est moi avec mon sourire niais qui lui ai donné le feu vert! Je me demande ce que je dois faire, parce que je ne sais pas, je ne sais rien. J'ai un réflexe de recul pour fuir, sans le vouloir vraiment.

Tout doucement, Ludovic caresse mes cheveux, il paraît les aimer. Moi, je ne sais plus où regarder et ma tête ne cesse de se baisser et de se relever. Je tremble toujours, mes bras sont ballants le long de mon corps. Quelle que soit mon attitude, je me sens ridicule. Puis il s'approche encore tout doucement de mon visage et délicatement l'embrasse pour déposer enfin un baiser sur mes lèvres... Plusieurs émotions se mêlent en moi, le plaisir mais aussi une grande culpabilité, quand Ludovic recommence. Je me sens toujours aussi gauche et je n'arrive pas à me laisser aller complètement. Ai-je le droit d'avoir du plaisir ?

Enfin, l'ascenseur arrive au rez-de-chaussée. Immédiatement, comme par réflexe, je repousse Ludovic. Il me vient à l'idée que n'importe qui pourrait me voir et le raconter au KGB. Ludovic ne s'attendait pas à un tel atterrissage, mais je n'y peux rien, j'ai trop peur. On se retrouve dehors marchant à la même hauteur, mais à deux mètres au moins l'un de l'autre.

Me retrouver à l'extérieur me fait du bien et me rafraîchit les idées. Encore une fois, je me dis que j'ai été folle de me lancer dans ce plan et, à force de gamberger, je ne me rends pas compte que Ludovic s'est approché tout près de moi. Tout d'un coup je sens sa main, son bras sur mon épaule. L'horreur! Si quelqu'un me reconnaissait! Ludovic sent que je suis mal, il enlève son bras et me dit.

– Excuse-moi, Sam, mais c'était plus fort que moi, j'en ai eu envie tout simplement!

Je lui réponds, toujours la tête baissée afin de ne pas croiser son regard et qu'il ne voie pas ma honte :

– Ce n'est pas grave, Ludovic, mais tu sais il y a plein de choses que je n'ai pas le droit de faire. Elle ne te l'a pas dit, Sabine?

– Si, si, et je te promets que maintenant je ferai attention!

J'ai envie de partir immédiatement. Je suis mal à l'aise, toute chamboulée, perturbée de l'intérieur. Ludovic paraît surpris de mon départ un peu précipité, surtout que je me surprends à lui tendre la main pour lui dire au revoir :

– Je ne peux pas te dire au revoir autrement, t'embrasser quoi! Comme ça, en pleine rue, ce n'est pas possible pour moi! Bon eh bien, à demain, Ludovic!

– Salut, Sam! me répond-il avec un drôle de regard...

Je suis sûre que, malgré toutes les explications que lui a données Sabine, il ne s'attendait pas à tout ce cirque. Il ne doit rien piger à mon histoire! Pire! J'ai dû passer pour une folle!

Au moment de rentrer à la maison, la peur revient. Et si quelqu'un m'avait vue et l'avait déjà dit au KGB? Oh! là! là! Quelle angoisse! Je n'arriverai pas à rentrer! Mais je me décide, il le faut bien.

À l'instant où je me retrouve dans la maison, je me rends compte que personne ne sait rien et je me sens en sécurité. Alors seulement mon secret me procure un sentiment de jubilation. Je cours dans ma chambre et m'allonge sur mon lit. Je me repasse les images une à une, surtout le moment de l'ascenseur. Cette fois, il a un super effet sur moi, j'arrive à me laisser aller à un peu de plaisir. Je me sens heureuse, enfin comme les autres filles de mon âge.

Pour garder toute cette joie, je me dis qu'il ne faut en parler à personne, même pas à mes sœurs; pas tout de suite en tout cas. Il faut que je garde ce secret rien que pour moi.

Le comble de mon bien-être c'est quand, le soir, je regarde le KGB. J'ai un immense plaisir à la pensée que j'ai un secret, et pas n'importe lequel, qui n'appartient qu'à moi seule, et que s'il le connaissait, il deviendrait fou. Remarque, moi aussi je passerais un mauvais quart d'heure.

J'évite quand même, en sa présence, d'avoir dans la tête le passage de l'ascenseur, ou sinon la culpabilité se pointe et gâche tout. J'ai peur, dans ces moments-là, qu'il puisse lire dans mon esprit, ou voir sur mon visage, que j'ai fait une chose interdite. J'avoue que je ne le regarde pas non plus dans les yeux, j'ai un peu honte, mais en même temps je suis fière d'avoir fait quelque chose à son insu, ça me donne presque l'impression d'être plus forte. Cela fait très longtemps que je ne me suis pas sentie aussi bien!

Le lendemain matin, j'ai demandé à Sabine comment je dois lui dire bonjour, à Ludovic. Faut-il que j'aille vers lui, ou attendre qu'il vienne? Je ne connais pas toutes ces choses, Sabine est bien plus branchée sur ces stratégies.

En fin de compte, il est venu vers nous dès qu'il nous a vues dans la cour. Il n'a pas l'air de se prendre la tête avec les mêmes questions que moi, qui ne sais toujours pas si je dois lui dire bonjour comme dans l'ascenseur ou autrement... Heureusement, il prend l'initiative, et moi je fais semblant de trouver ça naturel. Sabine est toujours avec nous et j'en suis ravie. Je n'ai pas le courage de rester seule avec Ludovic, mais je suis contente de le savoir avec nous, de penser qu'à chaque récréation il va m'attendre. Sa seule présence me fait plus plaisir que le reste. Je me sens bien.

Nous l'avons intégré à nos après-midi cinéma, toujours à la place des maths ou d'une matière aussi épanouissante. C'est trop génial et je passe des moments vraiment super. Le cinéma et la musique chez Sabine deviennent des instants magiques et importants pour moi, je n'attends plus que de les vivre.

Inutile de dire que les week-ends enfermée me sont difficiles à supporter, mais encore une fois j'ouvre les différentes portes de mon imagination, ou de celle des autres, avec mes nombreux bouquins.

Ludovic est gentil avec moi. Je crois qu'il arrive à comprendre que ce n'est pas ma faute si je ne peux pas le voir plus souvent, et en tout cas, je suis bien avec lui...

Les vacances de Noël sont là et je n'en ai pas du tout, mais alors pas du tout, envie. Dans la classe, ils sont tous heureux parce qu'ils vont pouvoir enfin se gaver et ne rien faire. Pour moi, c'est une véritable angoisse. Je ne vais plus voir ni Ludovic, ni Sabine; il n'y aura ni la musique, ni le cinéma, plus rien. Je n'ai vraiment pas le moral, je ne veux pas le montrer à Ludovic, je me suis assez fait remarquer... Mais il sent bien que je suis mal. Il m'a demandé à plusieurs reprises de lui parler, mais j'ai refusé; j'ai trop honte d'en dire plus que ce qu'il sait déjà.

Le dernier jour avant les vacances, on est partis tous les trois, pour le même programme que d'habitude, mais là, c'était beaucoup plus fort entre nous. Je nous aime bien tous les trois...

Dès le premier jour des vacances, j'ai le cafard. Je n'ai pas envie de me lever pour faire quoi que ce soit. De penser à Ludovic ne m'aide pas non plus, au contraire, mon cafard est plus important encore. Les instants passés tous les trois me manquent terriblement, je ne supporte pas d'être enfermée dans cette tour. J'ai le sentiment que c'est plus difficile pour moi maintenant qu'avant Ludovic.

Sabine non plus n'est pas là, elle est partie passer Noël chez ses grands-parents. Elle m'a envoyé une carte, mais heureusement qu'elle n'a rien écrit sur Ludovic parce que, lorsque ma mother me remet l'enveloppe, elle est ouverte. Je la regarde et elle me dit :

– Tu sais bien que ce n'est pas moi, je ne sais pas lire!

Je lui réponds :

– Je m'en fous! L'autre n'a pas à ouvrir mes lettres, c'est tout!

– Pourquoi? Tu as des choses à cacher?

Je hausse les épaules et me tire dans ma chambre. Je ne peux plus voir cette baraque et ce Paradis foireux, tout est moche ici. Je déteste ce KGB, et de ne pouvoir lui dire ma haine en face me rend encore plus mal et violente. Pour qui il se prend, celui-là ? Pour calmer ma peine, je me raconte avant de m'endormir que Ludovic vient me chercher en bas de la tour, et que l'on marche tranquillement tous les deux, la main dans la main, sans peur aucune, ni culpabilité. Le rêve quoi!

Ce matin, je me prépare comme jamais. Je vais enfin retrouver mes deux complices, je suis heureuse. J'essaie de ne pas trop le montrer vu que j'ai fait la gueule pendant toutes les vacances. La mother risque d'avoir des doutes. Je garde donc mon expression bougon à l'extérieur, et me souris à l'intérieur pour tenir le coup.

Dès que Ludovic me dit bonjour, je le sens différent. Je regarde Sabine mais n'ose pas faire de même avec lui. Nous restons tous les trois silencieux, moi je fais celle qui n'a rien remarqué de spécial, je branche Sabine pour qu'elle me raconte ses vacances. Ludovic est là, planté, à regarder ses pompes. Il m'énerve, il est en train de me gâcher ma joie d'être là. La cloche sonne, et nous retournons chacun dans notre classe. J'en profite pour demander à Sabine si elle n'a rien remarqué de particulier chez Ludovic, la façon qu'il avait de regarder ses pieds et son regard fuyant. Elle me répond que je suis en plein délire, et que c'est seulement parce que ça fait quinze jours que l'on ne s'est pas vus, ce n'est pas évident de reprendre contact. J'essaie de la croire, mais au fond de moi, je sens autre chose, je ne saurais dire quoi. Il a changé.

Toute cette première journée de retour, il y a le même malaise dès que Ludovic et moi sommes ensemble. À la sortie, reprenant nos habitudes, Sabine et moi nous l'attendons pour aller chez elle. Il s'approche, toujours la tête baissée vers ses foutues pompes, et je suis de plus en plus mal à l'aise. Sabine lui lance pour mettre « l'ambiance » :

– Alors Ludovic, toujours prêt pour nos délires de musique, hein ?

Pour toute réponse, il s'approche de moi et me dit :

– Je peux te parler, Sam ?

Je fais un signe de tête pour dire oui, je ne peux pas parler, j'ai une boule dans la gorge, la même qui apparaît chaque fois que je vais être triste. J'ai un mauvais pressentiment...

– Voilà, Sam, pendant les vacances, je...

Il s'arrête de parler, il a du mal à continuer.

– Je ne veux pas te faire de peine, Sam, mais tu vois, pendant les vacances, je suis sorti avec une autre fille et elle habite mon quartier...

J'ai tellement mal... Je m'y attendais un peu mais sans y croire vraiment. Il continue :

– Je m'excuse, Sam, je t'assure, je ne veux pas te faire de la peine, mais voilà, avec toi, on ne peut jamais se voir en dehors du lycée. C'est vrai, je le savais avant, mais maintenant j'ai du mal à l'accepter...

Je ne veux pas le voir, je ne sais pas comment faire, où regarder, surtout ne pas croiser son regard ou sinon je vais me mettre à pleurer...

– Et puis des fois je te vois triste, ailleurs, et je ne sais pas ce que tu as. Tu ne dis jamais rien, on dirait que tout t'indiffère !

Je lève enfin la tête, mais vers Sabine qui m'attend un peu plus loin. C'est bon, j'en ai assez entendu... je lui dis :

– Salut, Ludovic !

Je rejoins Sabine et ensemble nous allons chez elle. Je n'ai pas très envie d'y aller, même pour écouter de la musique, je préférerais rentrer au Paradis et me coucher. Mais Sabine insiste, me disant qu'il vaut peut-être mieux que l'on ne me voie pas ainsi.

Je suis triste. Moi qui m'étais fait tout un tas de films sur nos retrouvailles, je viens de me prendre une belle gifle.

Sabine est adorable avec moi, mais je la sens aussi mal à l'aise parce qu'impuissante à soulager ma tristesse.

Au retour, elle m'accompagne un bout de chemin...

Ce soir-là, je n'ai pas beaucoup de mal à faire ma tête de bougon, l'intérieur est si mal, si triste. Je ne dis pas un seul mot de la soirée. Ma mother me regarde du coin de l'œil, mais c'est Cochise qui me demande ce qui m'arrive. Pour toute réponse, je hausse les épaules et lui tourne le dos. Je ne veux qu'une seule chose, c'est que l'on me foute la paix!

La mother lance alors :

– Laisse-la, ma sœur, en ce moment on ne peut rien lui dire, dès qu'on lui parle, elle hausse les épaules et fait la tête. Elle ne sait faire que ça, je ne sais pas ce qu'il y a, dans cette tête...

Je n'écoute même pas la suite et pars me réfugier dans ma chambre. Kathia vient me rejoindre peu de temps après, elle me demande aussi ce que j'ai. Je lui déballe tout depuis le début et ça me fait du bien, cela me soulage, je pleure même un peu...

Je vois dans les yeux de Kathia beaucoup de plaisir au début de l'histoire, de la tristesse après et de la colère contre Ludovic. Elle me dit :

– Tu n'as rien perdu, c'est un petit con, il ne sait pas ce qu'il veut, ou plutôt si, il veut tout. En vérité, il voulait quand même sortir avec cette fille et il a trouvé une excuse bidon!

On ne peut pas dire, Kathia a le chic pour consoler! Mais ce n'est pas grave, cela m'a fait du bien d'en parler, la tristesse est trop lourde à porter toute seule.

L'après-Ludovic est vraiment difficile. Je ne sais pas si c'est moi qu'il a rejetée, ou le fait que je ne puisse pas être comme les autres. De toute façon, je ne peux être que différente. Il est clair que je n'aurais jamais dû m'accorder cette récréation, je ne l'avais pas prévue dans mes plans, c'était trop tôt et il est sûr qu'un garçon ne peut s'attacher à une fille comme moi. Je suis là avec, quelle que soit la direction que je veuille prendre, des sens interdits. Ce n'est pas intéressant pour lui et c'est très difficile pour moi, douloureux même.

J'ai constamment la même boule dans la gorge, prête à exploser au moindre choc. Alors, je me referme un peu plus, je suis presque inexistante à la maison. Je n'arrive pas ou plus à participer à l'ambiance, si ambiance il y a. Tout m'irrite, pire, m'exaspère. C'est plus fort que moi, je trouve que ce que je vis est vraiment trop nul! Je ne peux rien dire, rien faire et sans doute, malgré mes rêves, rien changer, et c'est le pire, ne plus pouvoir rêver, ne plus croire en la seule chose qui m'appartienne et qui me rende libre, même un tout petit peu. Je me sens enchaînée sans possibilités de me libérer, et l'horizon me paraît bien lointain.

Ma mother me questionne sur le pourquoi de mon « ennui de la vie », comme elle dit. Qu'est-ce que je peux lui répondre ?

– Oui maman, je suis triste parce que Ludovic m'a lâchée, pas parce qu'il ne veut plus de moi, mais pour tous les interdits que je représente...

Que me répondra ma mother ?

– Que dis-tu là, ma fille ? Tu devrais avoir honte ! Non seulement tu es sortie avec un garçon, et pire encore, tu es triste à cause de lui...

Rien de tout cela n'est envisageable, bien sûr ; je ne peux rien dire. J'ai choisi de faire comme je voulais, alors c'est faire le choix d'être seule aussi bien dans la joie, au début de l'histoire avec Ludovic, que dans la tristesse maintenant que tout est fini. Le plus difficile, c'est lorsque je le croise dans la cour du lycée. Ce qui était pour moi une porte de sortie vis-à-vis de l'ennui de la maison devient un calvaire. J'ai tout gâché, voilà, maintenant je suis mal à la maison et mal au lycée. Il n'y a plus de liberté nulle part pour moi.

Nous n'échangeons même pas un sourire lorsque nous nous croisons. Ce n'est pas que je ne désire pas le saluer, mais je trouve cela inutile et puis, surtout, j'ai honte d'être celle qui a été lâchée parce qu'elle n'est jamais libre. Je ne supporte pas cette idée. Je suis punie pour quelque chose qui n'est pas mon fait, et contre quoi je ne peux rien pour l'instant. Je trouve injuste et humiliante cette place que l'on m'a attribuée...

Pour ne plus avoir à subir ce genre de situation, je me suis promis de ne plus recommencer. Je ne sortirai plus avec aucun garçon tant que je ne me serai pas barrée de ce foutu Paradis... En attendant, je me plonge à nouveau, et plus que jamais, dans les histoires des autres, pour oublier justement la mienne qui me semble si fade.

Les cours de madame Sallibert sont une autre porte de sortie. Elle nous fait ses cours comme si elle nous racontait une histoire. Même les règles de grammaire ne sont plus aussi barbantes ! Tout est matière à raconter, avec elle ; j'aime ses cours, j'ai au moins le sentiment d'apprendre quelque chose d'intéressant et d'y prendre plaisir. C'est le top, cette prof ! Si depuis que je vais à l'école j'avais eu ce genre de professeurs, je ne serais peut-être pas en train de m'emmerder à passer un CAP de vendeuse qui me gonfle et ne me donne pas envie d'aller vendre quoi que ce soit... Oui, mais je ne l'aurais pas rencontrée et ce serait dommage, c'est pour moi une femme exceptionnelle.

Je choisis les profs avec lesquels je suis « indisciplinée », comme ils disent – moi, je passe le temps, c'est tout ! Il y a des cours que je ne pourrai jamais encaisser ; quand je suis obligée de me les farcir because je ne peux pas m'absenter trop souvent, eh bien avec Sabine « on s'anime ». Ça ne leur plaît pas, aux profs de maths, législation du travail ou comptabilité.

Le commerce n'est pas non plus la matière que je préfère, mais la prof, elle, assure bien. Elle m'est sympathique, bien qu'elle ait décidé « pour mon bien » de changer mon lieu de stage pratique. J'ai vraiment eu les boules lorsqu'elle m'a présenté la chose. Je me suis même demandé si elle avait eu vent du

« contrat » que j'avais établi avec mon ancien patron. Je n'en sais toujours rien, mais je pense qu'elle devait avoir des doutes quant à l'efficacité de ce stage. Je n'ai jamais été là lors de ses fameuses visites : mon patron « m'envoyait » faire des courses.

Donc, en vue de l'examen qui a lieu dans six mois environ, je suis dans un grand, très grand magasin au rayon maroquinerie. C'est terrible ce qui m'arrive, encore enfermée du matin au soir, et eux, ils sont pires que le KGB. Il me faut pointer quatre fois par jour. C'est l'horreur ! Je quitte une prison le matin pour rester dans une autre toute la journée, et là, je ne peux absolument rien combiner. Finis les jeux de cartes où je gagnais à tous les coups, finies les balades de l'après-midi ! Je suis debout du matin au soir, avec juste un quart d'heure dans l'après-midi pour aller m'asseoir ; c'est un magasin d'esclaves celui-là. C'est au sous-sol, dans un coin tout noir et qui pue, que l'on va prendre sa pause ; les coulisses sont dégueulasses ! En plus, on ne peut pas dire, mais la confiance règne vraiment ici : ils fouillent nos sacs à midi et le soir pour voir si on ne vole rien en partant. C'est un mauvais délire, et ça me dégoûte davantage d'être vendeuse.

Je m'entends bien avec les deux vendeuses du rayon maroquinerie, c'est déjà ça ! L'une aurait l'âge d'être ma mother, l'autre ma grande sœur. On arrive à se faire des délires rigolades vraiment super. Pour faire passer ce foutu temps, j'ai trouvé un truc qui à chaque fois nous fait mourir de rire... Voilà, le matin, je prépare mes outils, qui sont le Scotch et les étiquettes que l'on doit mettre à l'intérieur de chaque article. Je les rafle toutes; il y en a de plusieurs sortes en forme de peau de vache sur lesquelles il est inscrit : « Pur Pécari », « Pur Vachette », « Cuir de France ». Je les prends une à une et leur mets un rond de Scotch qui colle les côtés. Ça, c'est mon boulot du matin, entre la poussière et l'encaissement d'articles vendus. J'en fais un minimum, quand même.

L'après-midi arrive et toutes les bonnes femmes avec; je me frotte les mains à l'idée de la rigolade que je vais me payer. Les premières sont là, avides de pouvoir dépenser leur argent... Vas-y qu'elles tournent dans tout le magasin et, quand elles attaquent le rayon maroquinerie, elles sont à moi! Je sors alors mes outils et je rentre en piste.

Je cible le style, le look et le poids des bonnes femmes. En fonction de ces caractéristiques, je leur appose la marque du rayon maroquinerie, sur les fesses de préférence bien entendu, lorsqu'elles regardent de très près un article en rayon, ou, plus fort encore, lorsqu'une vendeuse essaie de faire sa vente. Je m'approche petit à petit, très doucement je passe très près de la cliente avec dans le creux de la main la « marque » qui lui est destinée et, au moment où je frôle les fesses, je n'ai plus qu'à ouvrir discrètement la main et à poser l'étiquette qui va définir la cliente.

Pendant ce temps, la vendeuse est dans tous ses états; elle se mord les lèvres pour ne pas éclater de rire et réussir sa vente. J'aime bien quand la vendeuse est dans cet état où je sens qu'un petit rien pourrait la faire exploser. Surtout que moi, lorque j'ai marqué la cliente et que je lis sur la fesse « Pur Vachette » ou

« Cuir de France », je m'éloigne vite fait de l'endroit, en proie à une crise de fou rire, terrible, mais si savoureuse. Je me cache derrière les sacs pendus mais, dès que je jette un œil sur la fesse, j'ai tellement envie de rire que ça me donne mal au ventre.

C'est trop bon de rire ainsi et, quand la vendeuse a fini sa vente, elle vient me rejoindre et ensemble, toujours écroulées, nous regardons s'éloigner la « vachette » qui se dandine, contente de son achat. Si elle savait que désormais le cuir lui colle à la peau!

Heureusement que j'ai des séances délires comme ça dans la journée! J'ai du bol aussi d'être avec ces deux femmes, elles sont cool de me laisser délirer comme je le veux. Mais ça ne les empêche pas de m'apprendre « mon futur métier ». Si elles savaient que je les écoute uniquement parce qu'elles sont sympathiques avec moi, et pour leur faire plaisir!

Ce n'est pas comme la chef de service, celle-là, je ne la sens pas. La dernière fois, elle m'a convoquée dans son espèce de bureau pour, au départ, me dire que les vendeuses du rayon maroquinerie étaient contentes de moi, mais qu'elle, en tant que chef de service, voudrait que je sois plus sérieuse quand je suis au rayon. Je n'ai rien compris à son histoire. Si les autres sont satisfaites, c'est l'essentiel, non? Et qu'est-ce qu'elle me branche puisqu'elle ne travaille pas avec moi sur le rayon? Je n'ai rien répondu, j'ai baissé la tête pour lui faire croire que j'avais entendu. Mais je m'en fous royalement de son avis, surtout pour me dire à la fin qu'il fallait faire toujours mieux et plus pour devenir une « bonne vendeuse ». Elle m'a rêvée celle-là! Elle délire complet, mais je la laisse faire son discours, parce que j'ai besoin d'être bonne pour les six mois à venir : c'est elle qui va remplir mon carnet de fin de stage pratique. Alors, ce n'est pas la peine que je la ramène, après on verra bien!

Le moment où elle m'a mise le plus en colère, c'est lorsqu'elle m'a parlé des vols qu'il fallait que je signale aux inspecteurs. Elle m'a prise pour une balance ou quoi? Elle est folle de demander des trucs pareils! Même si j'étais vendeuse ici, jamais j'irais raconter que j'ai vu quelqu'un voler. Je ne suis pas une indic, moi! Il y a l'inspecteur « à vie » qui est payé pour ça. C'est un drôle de métier que de passer sa journée à contôler les autres; il ne faut pas être bien clair dans sa tête pour faire un boulot pareil. Enfin bref, je lui aurais bien collé une « Vachette » sur la fesse à celle-là!

Après la leçon de morale, je suis retournée dans mon rayon où, bien entendu, j'ai fait le compte rendu aux vendeuses qui attendaient de savoir ce qui s'était dit, et surtout si la chef de rayon avait parlé d'elles...

Voilà mes journées pour devenir vendeuse. Et dire que bientôt je vais y passer quinze jours pour les vacances de Pâques! C'est l'angoisse, je vais essayer d'être un maximum à la réserve. Là-bas, je peux m'asseoir et surtout être habillée comme d'habitude. Oui, parce que, pour ce nouveau stage, il a fallu que je m'achète une robe, moi qui n'en mets jamais, et des chaussure à talons. L'horreur, je ne sais pas marcher avec ces engins!

C'est la mother qui a été contente. Elle ne supporte plus les jeans que je prends deux tailles au-dessus pour être à l'aise, et que je cintre bien à la taille pour qu'ils me tiennent.

Mes chaussures aussi sont le cauchemar de la mother, elle n'arrête pas de me dire que c'est les mêmes pompes que celles des militaires français lorsqu'ils venaient fouiller son village quand elle était jeune. Je suis à l'aise, moi, dans mes pompes. Elle n'arrête pas de me menacer qu'un de ces quatre, elle les prendra pendant que je dormirai pour me les jeter à la poubelle. Elle en a fait une fixation! Alors, quand elle a su que la robe était une condition impérative pour le stage, elle était ravie avec bien sûr l'espoir que, désormais, je m'habillerais plus souvent « en femme », comme elle dit.

Ça m'éclate ça! Pourquoi je mettrais une robe en dehors du stage? Je me souviens d'Amel. Quand elle rentrait, il fallait qu'elle se change. Il lui est même arrivé de se changer dans la cage d'escalier. Le father ne veut pas de robe ou de jupe qui soit trop courte, ou trop serrée, alors je préfère mes pantalons, comme ça le father peut toujours chercher « la femme », elle n'est nulle part et moi, je ne suis pas obligée de me changer cinquante fois dans la journée. Il n'a aucun risque avec moi, le father, j'ai horreur de tout ce qui est court, serré, et de ce qui est fringues de nanas en général... Je suis un garçon manqué, m'a dit dernièrement ma mother. J'ai pensé : « Dommage que cela ne soit que manqué, au moins, en ce moment, j'aurais la paix! »

Je suis assise dans le salon, je bouquine, pour une fois que la télé ne braille pas, je profite du canapé. Et puis aujourd'hui je n'ai pas envie de rester dans ma chambre. Mais je crois que j'ai fait une erreur. Dans ma chambre, la mother aurait peut-être pensé que j'étais en train de bosser, et elle ne m'appellerait pas pour étendre ce foutu linge.

Je la laisse crier, je veux absolument finir mon chapitre. Et puis quand elle en aura marre, elle appellera une de mes sœurs. Je sais que je compte souvent sur elles pour faire ce genre de plans à ma place... Apparemment, aujourd'hui, la mother n'est pas décidée à choisir quelqu'un d'autre que moi, mais je continue à lire. Tout à coup, je vois le KGB, je ne l'attendais pas celui-là! Il me dit :

– T'es sourde ou quoi? Ça fait une heure que maman t'appelle!

Je fais celle qui n'a pas entendu et je continue de lire, du moins je fais mine. Le KGB m'arrache le livre des mains en gueulant :

– Tu le fais exprès? Lève-toi et va faire ce que te dit maman!

Je sais que je devrais me lever et étendre le linge, mais c'est plus fort que moi, bien que je sache que je vais me prendre une raclée, je me lève et me dirige la tête bien haute dans ma chambre, sans lui adresser un regard ni une parole. Je n'ai pas le temps d'atteindre la porte que le KGB me rattrape par les cheveux et me tire vers lui. Je me mets à crier de toutes mes forces, une vraie crise de nerfs; je crains des cheveux et il ne fait pas dans la dentelle. Au moment où il me ramène à lui, il me dit, en tenant sa ceinture à la main :

– Ah! Tu veux faire la belle! Madame se croit supérieure aux autres? Si tu penses faire ce que tu veux, tu te trompes!

Et paf! Je me reçois le premier coup de ceinture. Il y va fort, ce con! Le temps que ma mother et Cochise arrivent et le KGB m'a déjà fait tourner. Je saute dans tous les sens pour essayer d'éviter les coups, je gueule comme un putois mais ne verse aucune larme. Il peut toujours se gratter, il ne me verra pas pleurer comme la dernière fois où il m'a fait faire la danse du ventre.

C'est Cochise qui arrive à le calmer, la mother ça fait un bail qu'il ne l'écoute plus. Je me lève, c'est vrai que j'ai mal partout, mais je ne le montrerai pas, je me la joue svelte, genre : « Bon ! C'est fini, maintenant on passe à autre chose ! »

Je me tire dans ma chambre en levant une dernière fois le cou, que ma tête soit bien haut perchée avec un regard un rien méprisant vers le KGB.

S'il savait à quel point je le déteste ! Mais je ne crois pas qu'il soit capable de penser quoi que ce soit. C'est une question de limites... Total : le linge, c'est Naïma qui l'a pendu, et moi je suis restée toute la soirée dans ma chambre ; ma mother m'a apporté mon assiette mais je n'ai rien mangé. Quand je pense au KGB, ça me coupe l'appétit.

Depuis ce jour, il m'a tout cassé. J'étais à peu près bien ces derniers temps, j'avais réussi à remonter la pente après Ludovic et voilà que maintenant, vlan ! Je suis encore par terre.

J'en ai marre, mais marre ! Je pleure quand je me couche ; dès que je me lève et que j'ouvre les yeux, les larmes reviennent. Je parle de moins en moins, même pas à mes sœurs. Des fois, je me dis que j'aimerais bien perdre la mémoire, ainsi, je ne me rappellerais plus rien et je n'aurais pas le blues. Je vivrais sur le moment et puis c'est tout. C'est le souvenir qui me donne ce putain de blues, parfois j'ai l'impression qu'il va m'étrangler tellement j'ai mal, j'étouffe. Je n'en peux plus d'être moi, d'être ici et de tourner en rond. Je n'arrive plus à tenir. Même Sabine m'a dit qu'elle ne m'avait jamais vue si triste, pourtant j'ai quand même moins morflé que le jour où le KGB avait trouvé le paquet de cigarettes de Fathia.

Ce soir, nous sommes devant la télé, où il y a un super film. Même la mother et Cochise sont avec nous. Les deux frangines adorent les films, surtout ceux où il y a des scènes de lutte, les bons contre les méchants... les bons téléfilms américains, quoi! Avec elles, la victoire doit appartenir aux bons. Au contraire, le father a horreur des films parce que les personnages ne font que s'embrasser. Donc, pour voir le film dans son intégralité, nous devons mettre en place une stratégie qui nous permette d'avoir la paix.

C'est Foued qui distribue les rôles, il aime diriger. Il place donc Cochise près de la porte du salon avec pour tâche de l'avertir en toussant si le father rapplique sur une scène de « touching », comme il dit. À ce moment-là, Foued, avec la télécommande, se charge de passer sur une autre chaîne en espérant ne pas tomber sur une scène ou deux personnes sont en pleine exploration. Cela nous est déjà arrivé et, dans ce cas-là, le father nous envoie tous au lit, avec en prime une engueulade pour la mother et Cochise qu'il accuse de nous inciter à la débauche. C'est pour ça que, depuis longtemps, j'ai renoncé à regarder les films du soir à la maison. Rares sont les fois où on connaît la fin. Je préfère me faire mes films dans ma tête, ceux-là, au moins, je les dirige et les arrête quand je veux.

Le film commence. Cochise est à son poste, la mother n'est pas loin, en renfort de surveillance, Foued, près de la télévision, garde la télécommande à la main. Pour l'instant, le film est au début, on n'a pas encore à craindre des scènes de « touching », mais, bien sûr, dans tous les films qui se respectent, on y arrive toujours. Ce n'est pas que je les trouve désagréables, mais nous avons si peur que le father arrive, et honte devant la mother et Cochise d'assister ensemble à de telles scènes, que je suis sûre qu'aucune de nous n'a le loisir d'apprécier ces passages. Nous n'en avons pas le droit.

En général, la tension monte en même temps que le désir des deux personnages. Pour l'instant, nous avons de la chance, le father est toujours dans sa chambre, mais par pudeur et pour soulager tout le monde, Foued change de chaîne, le temps d'une chanson, et nous reprenons le fil de l'histoire. Mais rapidement une atmosphère se crée qui nous avertit que bientôt nous allons avoir encore droit à une scène interdite... Il doit avoir un sixième sens, le father, ce n'est pas possible autrement! Le silence, peut-être, de la maison lui fait soupçonner quelque chose qui pour lui n'est pas clair... je n'en sais rien, mais c'est au moment du « touching » que Cochise est prise d'une quinte de toux, provoquée à la fois par la « chose » qui se passe à l'écran et par la crainte d'être surprise. En effet, c'est ce moment que choisit « la censure » pour faire son apparition, et cet imbécile de Foued, excité sans doute, n'est pas assez rapide pour changer de chaîne.

« La censure » frappe un grand coup, l'écran devient tout noir, c'est un flagrant délit qui justifie sa colère. « La censure » nous envoie tous au lit, Cochise baisse la tête avec honte, la mother fait une tentative de rébellion, mais « la censure » est implacable, elle fait taire la mother qui ose, devant ses filles, la contredire, et penser autrement. La mother se tait.

Nous regagnons tous nos lits avec honte et frustration. Tant pis, je vais essayer de me raconter la suite dans mon lit, sans aucune scène de « touching », cette fois, au cas où « la censure » s'incrusterait dans mon histoire.

Grâce à Cochise, on a le droit de sortir plus souvent. Avec mes sœurs, on part se balader en ville, mais à une seule condition : rester toutes les quatre ensemble. On a tout l'après-midi pour nous, jusqu'à dix-huit heures, heure du retour obligatoire au bercail. C'est quand même mieux qu'avant, c'est vrai, mais le dimanche on est encore obligées de rester à la maison. La dernière fois, j'ai failli demander à ma mother pourquoi elle et le father bloquent sur le dimanche. On n'est pas des catholiques, ce n'est pas un jour important pour nous. Alors pourquoi le rendre spécial en nous interdisant de sortir ?

Pour me consoler du mauvais délire que je vis en ce moment, Sabine m'a offert un disque. Elle est cool, Sabine, toujours là pour m'aider à supporter les cons qui m'entourent. Pourtant, cela fait un moment que je ne vais plus chez elle après les cours; je lui ai dit que je n'avais pas envie de tenir la chandelle. Et puis peut-être qu'elle n'ose pas me le demander, mais qu'elle a envie de rester un peu seule avec son copain. Ce n'est pas pour autant que je rentre plus tôt au Paradis. Je me barre marcher du côté de la plage et, pour être sûre de ne croiser personne du Paradis qui connaisse le KGB, je vais dans des endroits dont ses copains ne doivent même pas soupçonner l'existence. Mais, on ne sait jamais, les loups peuvent être partout, alors je me méfie quand même.

Ce que j'adore, c'est prendre mon bouquin et aller le lire sur la plage, dans un coin tranquille où je ne vois personne. J'aime être seule face à la mer. Ce n'est pas que je sois complètement heureuse dans ces moments-là, mais j'ai l'impression d'être au calme, que ce blues qui s'est niché en moi et que je ne peux pas déloger se fait moins pesant dans ces instants, comme si j'arrivais enfin à le calmer un peu, qu'il desserre son emprise et qu'il m'étouffe un peu moins.

Il n'y a qu'à la plage que je ressens tout ça; dès que j'arrive dans cet enfer de Paradis, je suis de nouveau mal. Parfois, on dirait que j'ai comme un volcan à l'intérieur de moi, je ferais bien tout sauter...

C'est en rentrant un de ces soirs-là au Paradis que je croise Fabienne. Ça fait un moment que l'on ne se voit plus, et ça n'a pas l'air d'être la grande forme pour elle. Je la regarde et me vois à travers elle. Elle me raconte qu'elle aussi en a ras-le-bol d'être dans cette cité pourrie, en plus, elle est au chômage et les stages, ça la gonfle parce qu'elle ne gagne pas un rond pour pouvoir se barrer de chez ses parents.

On se met à l'écart pour pouvoir discuter sans être dérangées, ou simplement aperçues par un enfoiré qui passerait pas là et m'obligerait à rentrer vite fait. On trouve un recoin où on s'enfonce allégrement. Fabienne se met à me raconter qu'entre elle et son père ce n'est pas vraiment le grand amour, surtout depuis qu'il sait qu'elle sort avec Samir. Il lui a dit qu'il ne voulait pas voir sa fille faire sa vie avec un bougnoule, et surtout il flippe en pensant à la tête de ses futurs petits-enfants.

– Tu sais ce qu'il n'arrête pas de me dire à longueur de journée ? Qu'il ne s'est pas fait chier à casser de l'Arabe en Algérie pour voir sa fille dans le lit d'un de ces fils de chien ! Tu te rends compte de ce qu'il dit à sa propre fille, Samia ?

Fabienne se met à pleurer, des larmes de tristesse mais aussi de rage. Je suis en face d'elle et ne sais pas trop quoi faire ; je n'ai pas envie de l'accompagner dans les larmes, j'ai assez donné. Alors, je la prends dans mes bras pour la consoler un peu. Elle continue à parler, on dirait un fleuve qui se déchaîne.

– Pourquoi il est comme ça ? J'en ai rien à foutre, moi, de sa putain de guerre d'Algérie, j'étais même pas née ! Et Samir, tu crois que c'est sa faute s'il y a eu la guerre ? Il ne connaît même pas l'Algérie ! Mais mon père, il ne voit que « sa tête d'Arabe », comme il dit. Ah ! c'est sûr, il ne pourra pas dire qu'il est suédois. J'en ai rien à faire moi de toutes ces conneries. Samir est gentil avec moi, et il n'y a que ça qui compte...

Fabienne pleure toujours, j'essaie en vain de la consoler. Je me sens gauche, alors je lui lance :

– Tu sais, Fabienne, si on devait faire le tour des « lumières » du Paradis, on les connaît ceux qui arriveraient les derniers, je n'ai pas besoin de te les dessiner, t'as pigé ?

– Tu l'as dit, Samia ! Je crois plutôt qu'ils ne savent pas encore que l'électricité existe. Ils en sont encore à s'éclairer à la lampe à pétrole !... À moins que le courant ne leur soit coupé ! Va savoir !

On arrive enfin un peu à sourire, puis à rire. On s'en donne à cœur joie avec Fabienne, on casse tous ces grands qui nous emmerdent la vie, qui veulent absolument nous dire comment il faut vivre, alors que tous vivent comme des cons. Pourquoi veulent-ils nous obliger à devenir comme eux ? Dans notre joie de nous retrouver et surtout de pouvoir dire tout haut ce que l'on pense depuis un moment tout bas, on se fait la promesse que jamais on ne se laissera bouffer par les idées de ceux qu'on appelle les « grandes lumières du Paradis », ceux qui se sentent tellement éblouis par leur intelligence qu'ils croient avoir le droit, ou le devoir, d'éclairer notre route. Les pauvres, ils n'ont même pas réussi à éclairer leur propre tronche et ils veulent s'attaquer à la nôtre ! Tout ça parce qu'ils se disent de notre famille...

Avant de me quitter, Fabienne me dit que Fathia s'est barrée de chez ses parents, après je ne sais combien de fugues. Elle est allée demander au juge des enfants d'être placée dans un foyer. Les parents n'ont toujours pas compris pourquoi, ils ne savaient pas qu'il existait un juge qui écoute les enfants qui sont malheureux pour les mettre ailleurs que dans leur maison. Les parents de Fathia ne veulent le dire à personne mais, comme toujours au Paradis, c'est les plus mauvaises nouvelles qui arrivent le mieux à se balader. Tout le monde est au courant de « la honte » que Fathia a mise sur sa famille. Évidemment c'est de Fathia que vient tout le mal, c'est sa faute si elle n'arrive pas à vivre dans cette saleté de Paradis, avec toutes ses interdictions, et où tu es sûr de devenir aussi barjot et taré que toutes les « lumières ».

Moi, je dis bravo à Fathia, je n'aurais jamais eu ce courage, j'aurais eu trop honte, trop peur, et trop de culpabilité... De toute façon, il ne me reste plus grand-chose à tirer pour me casser d'ici : dans quelques mois j'ai dix-sept ans, et dans un an dix-huit ans...

En attendant, il faudrait que je bosse un peu mes cours, que je fasse comme Naïma et Samira qui n'arrêtent pas d'apprendre et de réapprendre toutes leurs leçons en vue du bac.

Je sais pourtant qu'il est important pour moi d'avoir ce CAP, sans lui je risque de moisir encore longtemps ici, mais je n'arrive pas à bosser les cours qui ne m'intéressent pas. Je préfère m'allonger dans ma chambre, seule si possible, et rêver. Heureusement, sinon je crois que je ne pourrais pas continuer comme ça. Le KGB peut me filer toutes les trempes qu'il veut, il y a une chose qu'il n'aura jamais : ma tête et toutes les histoires qu'il y a dedans. S'il savait ce que je fais de lui dans mes histoires, peut-être qu'il n'oserait plus me toucher, il aurait trop peur! C'est bon de savoir que je peux faire de lui ce que je veux. Des fois, il m'arrive de le regarder, surtout quand il est en train de bouffer, et je me dis en m'adressant à lui : « Tu vas voir ce que tu vas prendre cette nuit, tu vas morfler comme jamais! » Je jubile à l'avance de la scène que je vais mettre en place exprès pour lui...

Mais cela ne marche pas toujours. La dernière fois, je n'arrivais pas à m'endormir, toujours ce blues qui me prenait la tête, et aucune de mes histoires ne fonctionnait, impossible de me barrer ailleurs. Ce blues m'a fait pleurer en pleine nuit, je le sentais m'étouffer, je n'en pouvais plus. Un instant, j'ai pensé me lever, aller dans la pharmacie, avaler toutes les pilules et me libérer enfin de cette souffrance. Mais je n'ai pas bougé, et j'ai pu échapper à ce blues uniquement parce que je me racontais que j'allais dans la salle de bains ouvrir cette pharmacie et que je me barrais pour de bon. Inlassablement, jusqu'à ce que je m'endorme, cette image est revenue et elle a réussi à m'apaiser, à me calmer. C'est la première fois que je me suis sentie aller aussi loin; je suis si seule dans ma tristesse et dans ma souffrance qu'il n'y a que l'idée de la liberté qui puisse m'ôter ces sentiments de douleur.

Les vacances de Pâques sont passées ainsi que mon stage pratique. L'examen arrive et moi, je n'ai rien fait! Peut-être que je réussirai à m'en tirer grâce au français, je verrai bien! J'aimerais l'avoir, mais je ne comprends pas pourquoi je ne fais rien pour. En plus, il fait beau, le soleil m'attire et, avec Sabine, on part avec le cyclo que sa cousine lui a donné depuis qu'elle s'est acheté une voiture. J'avoue que, depuis, il n'y a pas que les cours de maths que nous ratons. On a donné carrément un grand coup de couteau à la semaine et à tous les cours qui nous barbent. Les profs, eux aussi, sont absents, ils commencent à faire passer des examens. Je découvre les joies d'être en vacances avant les autres, je ne réfléchis pas si c'est bon ou pas, je me dis que ce qui est pris n'est plus à prendre, on verra bien après!

Mais c'était trop beau pour que ça dure.

Il est environ dix-huit heures lorsque j'arrive à la maison. Dès que je rentre, je sens un truc bizarre dans l'ambiance. J'ai comme un sixième sens pour savoir quand il y a un danger autour de moi, et je me trompe rarement. Ma mother est assise dans son quartier général avec Cochise en face d'elle, toutes les deux me regardent drôlement. Je passe devant la cuisine et leur dis, un peu par provocation :

– Salut ! Ça va ?

Ma mother tourne la tête et ne répond pas. Ça commence bien ! Quant à Cochise, elle répond à mon salut et se tait. Puis, je vois débouler le father et là, je pige que mon sixième sens va bientôt se confirmer. Il s'approche de moi, fait rarissime, et me demande :

– Alors, Samia, ç'a été les cours aujourd'hui ?

J'essaie de répondre avec naturel :

– Oui, ça va !

Je jette un coup d'œil en direction de la mother et de Cochise, elles regardent toutes les deux par la fenêtre. Le father reprend :

– Qu'est-ce que tu as eu comme cours cet après-midi ?

Aïe ! Aïe ! Je le sens mal, le father ! Lui qui ne m'a jamais rien demandé sur mes cours, s'il le fait aujourd'hui, c'est sûrement qu'il a quelque chose à me reprocher. Je m'entends lui répondre :

– J'ai eu des maths. Et un contrôle, en plus !

Je ne sais pas ce qui me prend de lui raconter ces conneries et d'en rajouter ! Je commence à avoir méchamment peur.

Pour toute réponse, il me flanque une gifle maison. J'ai l'impression que ma tête va se barrer tellement sa beigne est forte. Tout de suite, je me mets à courir pour atteindre ma chambre. Le temps qu'il me rattrape et je suis dans mon lit, sous les couvrantes, avec les deux oreillers sur le corps. Le father, la chaussure à la main, donne des coups dans tous les sens en gueulant que je suis une mauvaise fille (merci, mais je le savais déjà) parce que j'ai fait l'école buissonnière, et qu'il m'a vue avec Sabine sur son cyclo, comme un garçon.

Sous mes oreillers, je fais exprès de crier et de pleurer afin qu'il croie que ses coups portent et qu'ils me font mal. En vérité, je suis en proie à une véritable crise de fou rire. Je ris à en pleurer et le pire, c'est que je n'arrive pas à m'arrêter. Je vois le father fou de colère à l'idée que je lui ai menti, que j'ai séché les cours pour aller traîner, comme ils disent, me frapper pour me punir, croyant que je suis triste, en larmes, alors que je ris à n'en plus pouvoir sous mon oreiller. Cette image ne cesse, pendant tout le temps où il s'acharne sur moi avec sa chaussure, de me faire rire à me provoquer des crampes au ventre. Satisfait de lui, le father ma laisse enfin tranquille; il est content, son devoir de père a été assuré.

Et pendant tout ce temps, les deux frangines restent dans leur quartier général. C'est beau, quand même, la solidarité féminine!

Quand le father se barre, je me lève vite pour fermer la porte à clé. Je me plante devant la glace de l'armoire, et je me regarde en train de rire de plus en plus fort. Je crois que je deviens folle pour de bon. Mais si les coups me font rire, c'est que peut-être je deviens plus forte; cette idée me plaît beaucoup.

Lors du repas, ma mother me fait encore quelques reproches sur ma conduite de l'après-midi, dit qu'elle ne comprend pas mon attitude, que mes sœurs n'ont jamais fait ça, et patati et patata... Je ne réponds pas. Je me surprends à ne plus culpabiliser, j'en ai rien à faire en fait, pas de honte. J'ai seulement peur que le KGB ne l'apprenne.

Toute cette histoire ne m'empêche pas de mettre en place le plan prévu avec Sabine : partir toute une journée avec son cyclo et deux autres copines qui habitent son quartier. Le pied ! Toute une journée entière de liberté ! J'ai une excuse d'enfer pour mettre mon plan à exécution : en début de matinée, nous sommes convoquées de huit heures à dix heures pour l'épreuve de gymnastique, qui est facultative. J'ai raconté à la mother que l'examen de gym va durer la journée ; je sais qu'à partir du moment où je dis « examen », elle ne me posera aucune question.

Avec Sabine, nous arrivons vers les huit heures au stade. Notre tour arrive et c'est une véritable catastrophe, mais une bonne rigolade aussi. De toutes les figures que le prof nous demande, nous n'en connaissons aucune ; pendant les cours, soit on courait, soit on faisait des matches ou on n'était pas là. Alors les figures imposées, on ne peut pas dire qu'on va les assurer. Comme l'épreuve est facultative, Sabine la refuse. Moi, j'ai envie de faire le clown et je me retrouve à exécuter des figures que j'ai vu faire par mes sœurs dans leur chambre. Face au prof qui, la tête posée sur sa main a, sur le visage, toute la douleur de l'enseignement face à une élève qui se révèle être irrémédiablement cancre, j'exécute ces fameuses figures de gym. Sabine est écroulée de rire, ainsi que les autres filles venues passer leurs épreuves. Peut-être que ça les rassure de me voir si nulle, en tout cas il y a de l'ambiance. Même moi, je suis obligée de m'arrêter à plusieurs reprises tellement je ris. On croirait un troupeau d'hystériques, et la tête du prof est toujours désolée. Je le comprends, le pauvre, on dirait que je suis un pantin désarticulé.

Enfin, le fameux enchaînement se termine et le prof me donne ma note, deux sur vingt, le deux, me dit-il, « c'est pour avoir osé »...

On se tire vite fait avec Sabine et ses copines. Nous faisons les courses pour le pique-nique. On ne choisit pas la plage, on va du côté de la piste cyclable, là où il y a un peu de verdure. Sabine emporte son appareil-photo, et c'est le délire. On fait le repas, la sieste, la bronzette... c'est trop génial! Je me sens vraiment bien, je pourrais le faire tous les jours et jamais je ne m'ennuierais! Après on s'en va se balader du côté de la ville où se trouvent les plus belles maisons. Je ne connaissais même pas ce quartier; c'est fou de voir qu'il existe de telles maisons! Nous repérons celles qui nous semblent désertes, quatre en tout, une pour chacune et à tour de rôle nous prenons des photos. Nous poussons même l'audace jusqu'à nous asseoir sur les escaliers des maisons dont nous sommes sûres qu'elles sont inoccupées, comme si c'était chez nous. Sabine, elle, fait carrément mieux. Elle s'approche le plus près possible de la porte d'entrée en faisant mine d'appuyer sur la poignée. Clac! la photo est prise! Plus vraie que nature, la Sabine, à l'aise comme si elle était chez elle.

C'est une belle journée, et on continue à se promener sur les cyclos. À dix-sept heures environ, je rentre à la maison, crevée. La mother croit que c'est l'examen qui me fatigue autant. J'ai quand même raconté et mimé à mes sœurs l'épreuve de gym qui les a bien fait rire. Je ne me suis raconté aucune histoire ce soir; trop fatiguée.

Juste avant de passer mon CAP, je fais un rêve qui me donne un drôle de pressentiment et m'angoisse. Dans ce rêve, je me vois aller au lycée chercher les résultats de l'examen. Sur le plateau d'affichage est inscrit en face de mon nom : Oui/Non. Je me réveille à ce moment-là avec un sentiment de malaise.

Maintenant, je comprends ce que voulait dire ce rêve : oui, j'ai eu la partie pratique, la vente; non, je n'ai pas eu la partie théorique. J'attends les notes pour savoir où j'ai calé. Mais là où je ne me comprends plus, c'est que lorsque je les reçois, je fonds en larmes à la vue de mon zéro en maths. Je ne calcule même pas les autres notes. Je ne vois que ce zéro, note éliminatoire. Éliminée à cause des maths, je ne veux pas le croire! Je ne pensais pas avoir fait tout faux.

Je pleure sans pouvoir m'arrêter. Je ne supporte pas d'avoir raté cet examen. Je me traite de tous les noms : je suis une vraie nulle, une bête et un cancre à côté de mes sœurs qui, elles, ont eu leur bac. Mais c'est bien fait pour ma gueule, après tout, je suis partie sur mon nuage trop souvent et j'y suis restée accrochée. Je n'ai rien fait et, à part me raconter des histoires, je ne suis pas capable de grand-chose. J'ai tout raté par ma faute. Pas une fois j'ai ouvert mon cahier, je n'ai pas travaillé, il faut bien que je me l'avoue. Je pensais que je connaissais suffisamment mes cours, et c'est vrai, puisque le reste de mes notes se trouve être dans la moyenne. Mais je croyais pouvoir faire comme si les maths n'existaient pas, et elles viennent de me rappeler à l'ordre. Je me croyais peut-être la plus forte ? Les maths m'ont plantée et, avec, mes projets de liberté, d'indépendance, de studio...

Ma mother est cool sur ce coup, elle ne me fait aucun reproche. Avec Cochise, elles me consolent comme elles peuvent. Foued ne la ramène pas non plus, et mes sœurs me disent qu'elles partagent ma peine. Mais celle qui m'épate le plus, c'est ma mother. Je ne m'attendais pas à ce qu'elle se moque de moi, non, mais qu'elle me fasse au moins quelques reproches et qu'elle affiche son mécontentement. Elle n'est pas ravie, c'est sûr, mais moins pour elle que pour moi, « je suis peinée pour toi, ma fille », m'a-t-elle dit. Elle et Cochise m'ont prise alors dans leur quartier général pour me consoler, mais aussi pour que la mother me dise la chose suivante :

– Écoute, Samia, pleure si cela te fait du bien, vas-y, mais maintenant il faut que tu penses à après!

Je la regarde en reniflant. Je me demande où elle veut en venir. Elle poursuit avec sa complice Cochise.

– Alors, voilà, tu as deux mois pour te reposer. Avec tes sœurs vous irez de temps en temps à la plage, d'accord ?

Je fais « oui », d'un signe de la tête, tout en continuant de pleurer. J'attends la suite avec un peu d'angoisse. Que va-t-elle m'annoncer ?

– Et à la rentrée, tu retournes au lycée et tu leur demandes de refaire une année pour avoir ton examen.

Ça y est, elle a lâché le morceau ! J'ouvre des yeux ronds de stupeur. Je ne le crois pas ! Ma mother me demande de me taper encore une année au LEP ! Ça me fera quatre ans en tout, moi qui ne voulais même pas y rester un jour au début. Je la regarde encore, et aussi Cochise, qui hoche la tête en souriant. Je n'arrive plus à parler ; elles m'ont cassée, toutes les deux, avec leur combine.

La mother reprend :

– Regarde tes sœurs, avec le bac, elles vont pouvoir soit faire des études, soit travailler. Je ne dis pas ça pour te peiner davantage, mais seulement sans examen tu ne peux rien faire. Naïma ne veut pas continuer les études. Eh bien, elle va travailler, c'est elle qui le veut. Et dans les bureaux, en plus ! Samira préfère aller à l'université et ton père est si fier qu'il accepte de la laisser partir pour continuer ses études. Pourtant, avec ce qu'à fait Amel, il avait dit qu'aucune de ses filles n'irait faire des études ailleurs qu'ici, eh bien, il a changé d'avis, il veut que ses filles aient un beau métier !

Je sens le coup du « bagage » qui assurera mon avenir ! Et, bien sûr, ça ne loupe pas ! Elle ajoute :

– Toi, ma fille, si tu veux travailler il te faut un bagage aussi, pour avoir ton argent et t'acheter ce que tu veux. Alors à la rentrée, il faut absolument que tu retournes à l'école pour avoir ton CAP !

Cochise dit enfin :

– Ta mère a raison, ma fille. Il faut que tu l'écoutes bien si tu veux y arriver !

Je ne réponds rien, mais je sais qu'à la rentrée j'irai à nouveau au LEP pour me taper encore une année. Je n'ai pas le choix et ma mother a raison, si je veux un boulot, il me le faut ce CAP. Et si je veux me barrer dans mon studio, je dois décrocher ce fameux « bagage ». Au moins ça!

J'ai de la chance que le KGB ne soit pas là. Il est parti à Paris et, s'il trouve un boulot, il s'y installera. Je n'aurais pas supporté qu'il soit là le jour où j'ai appris que j'avais échoué...

À peine j'ai ouvert les yeux, j'ai su qu'il était revenu. Je n'ai pas voulu le croire, je me suis dit que j'étais en train de faire un cauchemar. Mais non, c'est bien lui qui parle avec ma mother dans la pièce à côté. Du coup, je n'ai plus envie de me lever. Moi qui commençais à supporter l'air que je respirais, tout est à nouveau bouché. Il ne pouvait pas rester à Paris? Il avait trouvé un boulot, un appartement... Tu parles! C'est toute une habitude de travailler, ça s'apprend! Et apparemment, lui, ce n'est pas ce qu'il fait de mieux! Ce qui m'éclate dans tout ça, c'est qu'il se permet de nous dire la route qui est soi-disant bonne pour nous. Il n'est même pas capable de s'occuper de lui puisqu'à son âge il est toujours chez mes parents, et il vient quand même nous emmerder et nous interdire de vivre...

Je m'en fous. Je me lève, je fais ma vie et je l'ignore complètement. Comme s'il n'existait pas. C'est la seule façon de continuer à respirer. Je traverse le salon en faisant mine d'avoir du mal à me réveiller, genre je suis encore dans mon sommeil et ne me rends compte de rien. Mais la mother ne peut s'empêcher de m'envoyer :

– Et alors? Tu ne salues pas ton frère qui nous revient de Paris?

Je trace sans répondre. Il ne manque plus que je le salue! Je sens son regard méchant pointé sur moi, mais je ne change pas d'idée pour autant.

Avant de sortir de la pièce, je jette un regard vers ma mother, qui me signifie son mécontentement d'avoir agi de la sorte. Franchement, je ne comprends pas qu'elle ne pige pas le pourquoi de mon accueil. Pourtant, elle doit bien se douter de ce que je pense de lui, et que ma seule défense contre lui, c'est de ne pas l'accepter, de ne jamais admettre ni ses coups, ni sa vision foireuse de la vie. Mais je suis sûre que, pour elle, entre frère et sœurs, surtout une sœur pour son frère, il ne doit pas y avoir ce genre de sentiments. Oui, je suis d'accord quand la fraternité est vraie, mais, désolée, mother, je ne fais que lui rendre ce qu'il a mis au fond de moi : la haine de l'autre!

À cause de son retour, mes vacances s'assombrissent déjà. Il contrôle nos entrées, nos sorties, pourtant pas fréquentes, avec qui nous sommes, si nous restons vraiment toutes les quatre ensemble. Celui-là est né pour gâcher notre existence. Mais je ne laisserai pas faire. Je veux ma liberté. Je l'atteindrai, avec ou sans leur accord.

Souvent, je regrette de ne pas être née garçon; ils sont rois avant même d'être là, et nous sommes leurs servantes quand nous arrivons! Pourquoi? Au nom de qui et de quoi on nous attribue cette place, être moins que les garçons? Qu'est-ce qu'ils ont de plus que nous?

Tous les jours, à la maison, je ressens cette injustice, qui s'est encore vérifiée lors de la dernière connerie de Foued. Il n'était pas rentré de la nuit. Ma mother, bien sûr, ne cessait de faire le va-et-vient entre le balcon et son quartier général, quand on a sonné à la porte. Je suis allée ouvrir, et là je me vois le Foued entre deux hommes en costume cravate. J'ai tout de suite compris que c'étaient des flics. Ils m'ont présenté leur carte, Foued regardait le sol. Quand ma mother est arrivée en me demandant de lui expliquer ce qui se passait, la terre se serait ouverte sous ses pieds, il s'y serait laissé glisser pour échapper à son regard noyé de larmes.

Les deux flics sont entrés dans l'appartement, nous ont montré une feuille qui leur donnait le droit de tout fouiller, sous notre regard à toutes, y compris celui de Cochise, qui n'arrêtait pas de se couvrir le visage de ses mains en criant que ces hommes étaient comme ceux qui venaient tout dévaster pendant la guerre d'Algérie.

Ma mother pleurait dans un coin; nous, les filles, on regardait. Impossible pour nous de bouger. Quand ils ont commencé à vider les armoires des chambres, à virer les matelas, je me souviens d'avoir dit tout haut :

– Merde, ils font chier, on vient juste de finir le ménage et eux ils nous remettent le Why!

Naïma m'a répondu :

– Tu délires ou quoi Samia ? Tu vois pas que les flics sont en train de faire une perquisition, que Foued s'est fait arrêter, qu'il va aller en prison, et toi tu penses à ton ménage!

Naïma avait raison, mais j'ai craqué, surtout lorsqu'ils ont pris nos cartables, les ont fouillés un par un et les ont vidés sur le sol; surtout qu'on ne savait toujours pas ce qu'ils cherchaient, et ce qu'avait bien pu faire le Foued.

Ma mother pleurait sur le canapé. Cochise

était près de nous dans le couloir. On attendait qu'ils finissent leur bordel, on aurait dit qu'ils prenaient plaisir à tout mettre en l'air. Avec mes sœurs, on ressentait la même nervosité, et la même peur. Quant à Foued, il se faisait tout petit dans son coin à attendre que ça finisse. Il a sûrement été soulagé lorsque les deux autres sont revenus vers lui pour l'emmener.

Naïma s'est approchée et leur a demandé :

– Vous l'emmenez avec vous ?

Celui qui devait nous répondre nous a d'abord toutes regardées, un tour circulaire de la tête, et quand il a vu où en était ma mother, il s'est adressé à Naïma :

– Votre père n'est pas là, mademoiselle ?

Je l'ai trouvé con avec sa question ! Il n'avait pas encore vu, depuis le début, qu'on n'était que des filles et que pour le moment, les seuls mecs à nous faire chier, c'étaient eux. Mais la question n'était pas pour moi ; Naïma a répondu :

– Non, il n'est pas là, mais vous pouvez quand même me dire ce qu'a fait mon frère ?

Ledit frère était toujours aussi merdeux.

– Ce n'est pas à vous que je dois le dire, mademoiselle, mais à vos parents...

Là, Naïma s'est énervée, lui a coupé la parole, et ce qu'elle a dit m'a vraiment fait plaisir. Ils viennent mettre le boxon chez nous et, en plus, on n'a pas le droit de savoir pourquoi ! Elle a fait fort quand elle a répondu :

– Ma mère est là-bas (elle l'a montrée du doigt), si vous voulez, on s'approche d'elle et vous lui dites ce que Foued a fait, mais vous serez obligé de passer par moi, parce qu'elle ne comprend pas le français !

Le flic a hésité, puis il s'est lancé :

– Eh bien voilà, mademoiselle : votre frère et

ses copains sont entrés par effraction dans une entreprise de boissons. On est sûr que ce n'est pas la première fois! D'habitude ils piquent des bouteilles et de l'argent... Allez savoir où ils vont boire pour fêter leur belle connerie! Hier soir nous les avons pris en flagrant délit, parce que ces messieurs (il se tourne vers Foued pour dire çà) avaient décidé de se soûler et de tout casser ensuite. Nous n'avons eu qu'à les ramasser complètement soûls au milieu des bouteilles cassées et de l'alcool répandu... Ils dormaient, ces chers anges!

On s'est toutes pris un coup derrière la tête quand on a su comment Foued avait passé sa nuit. L'autre a continué :

– Nous embarquons votre frère et nous sommes venus perquisitionner pour chercher l'argent volé les fois précédentes, au cas où il l'aurait caché ici... Vous savez tout, mademoiselle, et je vous prie de dire à vos parents de se présenter aujourd'hui au commissariat. Avec vous, si possible, pour qu'ils comprennent ce qui se passe.

Cochise s'est occupée de ma mother qui pleurait toujours en silence. Nous, on a commencé à ranger le boxon que l'histoire de Foued avait laissé. J'ai eu les boules d'être obligée de recommencer ce foutu ménage. Même si ce n'était pas le moment de le penser et de le dire, je ne me suis pas gênée pour râler pendant tout le temps du re-nettoyage, ça me défoulait.

Quand le father est arrivé, il a été vite mis au courant. L'ambiance en disait long sur ce qui venait de se passer. Puis ils sont partis avec Naïma, pendant que le KGB arrivait. Il nous a joué celui qui doit absolument rejoindre les parents qui, sûrement, avaient besoin de lui...

Bref! les parents sont revenus, sans Foued, bien sûr, qui, ayant été pris sur le fait, devait passer un petit moment à la « maison qui repose des conneries ».

Depuis ce soir-là, les vacances et l'ambiance sont à l'image de cette grisaille qui recouvre les tours de la cité. Ma mother n'est plus qu'une ombre qui ne retrouvera son corps et son esprit que lorsque son fils sera près d'elle.

Là où le KGB a assuré, c'est pour l'avocat. Il a choisi le bon, et Foued est revenu parmi nous au bout de quinze jours, en sursis, parce qu'il est encore mineur.

Ma mother est redevenue elle-même à partir de ce jour-là. On était toutes contentes que Foued ne soit plus en prison, mais là où j'ai eu les boules, c'est que jamais personne, ni ma mother, ni mon father, ni le KGB ne lui ont rien dit. On a su par Cochise que le father a été très en colère, mais moi, je ne l'ai jamais entendu dire quoi que ce soit à Foued quand il est revenu à la maison. Ni le KGB, d'ailleurs.

Ce n'est pas que j'aurais voulu qu'il se prenne une raclée, quoiqu'en y réfléchissant bien... Mais rien, pas un mot! Au contraire, la mother a fait plein de bouffe pour fêter le retour de l'enfant prodigue. D'accord, elle était heureuse de retrouver son fils, mais je trouve quand même injuste que nous, les filles, on nous interdise de sortir, que l'on se prenne des coups pour rien alors qu'on autorise tout aux garçons.

C'est trop injuste et j'ai horreur de ça, mais je préfère ne rien dire, sauf à mon journal.

La surveillante remplit mon dossier de réinscription pour ma quatrième année de LEP. Pourquoi je repique une année si je pense que ce diplôme ne sert à rien ? Je n'en sais trop rien, mais je n'ai plus envie d'échouer. J'ai eu trop mal d'avoir raté ; cela m'a donné encore plus le sentiment d'être un âne, surtout vis-à-vis de mes sœurs. Samira s'est bien débrouillée, puisque dans un mois elle s'installe dans la ville voisine pour démarrer la fac. Samira a tout compris : grâce à ses études, elle peut s'en aller sans avoir d'histoires. Elle a gagné sur tous les plans ! Bien sûr, elle sera obligée de revenir tous les week-ends, mais qu'est-ce que c'est, deux jours, quand il y en a cinq de libres...

Naïma a réussi à se trouver un boulot de secrétaire dans un bureau d'assurances ; elle s'est inscrite pour passer son permis de conduire. Elle assure bien. Elle aussi a découvert le moyen d'être tranquille. Mes parents sont fiers de Naïma et Samira. Pour eux, après le mariage, c'est l'école et le travail qui sont le plus importants.

Comme les années précédentes j'ai trafiqué mon emploi du temps. Ce n'est pas tant pour me barrer ailleurs, comme je le faisais l'année dernière, que pour garder mon temps pour moi. C'est tout! C'est bizarre comme j'ai changé. Même les cours de maths je les suis et, comble de surprise, j'arrive à comprendre! Est-ce que je deviendrais une bonne élève?

Lorsque j'ai appris par la prof de commerce que je ne ferais aucun stage pratique vu que j'avais obtenu la partie vente à l'examen, je me suis empressée de faire tous les magasins de jouets afin d'être embauchée pour les trois mois qui viennent avant Noël. Ce soir je rentre satisfaite de moi. Pour une fois que je cherche du boulot, je m'en sors bien, et je commence samedi après-midi pour le premier essai. Si je leur conviens, ils me prendront tous les mercredis et samedis après-midi, ainsi que pendant les vacances scolaires. C'est agréable d'aller travailler dans un magasin de jouets.

Dès que je rentre, j'annonce la nouvelle à ma mother et à Cochise qui sont ravies; j'adopte enfin un de leurs principes de vie! J'ai bien fait de me bouger pour trouver un boulot. Avec mes mercredis de libres, je voyais arriver gros comme une maison d'être enfermée alors que Samira est à sa fac, Naïma à son travail, Kathia à son sport. Il ne restait plus que moi pour ce satané ménage. Naïma a réussi à continuer à pratiquer son basket certains samedis et dimanches avec Kathia, et je soupçonne Samira de se préparer des week-ends obligatoires de travail pour ne pas rentrer au Paradis. C'est pourquoi ce job tombe bien pour me permettre de me barrer plus souvent et d'avoir un peu d'argent. Même Kathia s'est trouvé des heures de ménage chez des petites vieilles. Ma mother est aux anges, elle aime savoir que ses filles travaillent.

Cette année, je ne vois plus personne, je préfère qu'il en soit ainsi : qu'est-ce que je peux avoir d'intéressant à raconter ? Ma vie au Paradis ? Je préfère la garder pour moi. Je n'ai plus envie d'avoir des copines je ne veux même plus traîner du côté de la plage après les cours. Il n'y a pas grand-chose qui me tente, en fait. Je me lève avec le blues ; je vis avec toute la journée et me couche avec le soir ; en guise d'amitié c'est pas mal !

Je sais que la mother est inquiète de me voir ainsi, elle m'a même envoyé Cochise pour qu'elle découvre ce qui se passe dans ma tête. C'est bien là le pire, ma mother ne veut pas, ou ne peut pas, je ne sais pas, se rendre compte que ce qui ne va pas, c'est justement ces conditions de vie. Mais pour elle et Cochise, je ne devrais pas me plaindre, je n'en ai pas le droit, moi qui ai eu la chance avec mes sœurs d'être instruite. De grandir en France, où les filles sont plus libres qu'en Algérie...

Oui, bien sûr, à leur place je penserais comme elles, mais pour moi, vivre ainsi à dix-sept ans est très difficile.

Ce que je sens, c'est ce blues qui est toujours là. Il me donne moins envie de délirer. Même les sorties du samedi après-midi me motivent moins ; on est dehors parce que l'on ne veut pas gâcher un après-midi, mais ça ne veut rien dire, sortir pour sortir. Ce que je voudrais, c'est sortir le soir. J'ai dix-sept ans passés et je n'ai jamais mis les pieds dehors un soir pour aller faire la fête. Et ça, c'est un autre combat ; je ne sais pas si j'ai encore la force de me prendre des coups dans la gueule... Mais chaque fois que je vois le KGB ou Foued se préparer pour sortir le samedi soir, je ne peux pas m'empêcher d'avoir les boules et de râler devant leur plaisir, alors que nous, nous sommes obligées de rester enfermées... Parce que, lorsqu'une fille sort le soir, elle ne peut être qu'une pute! Elle ne peut pas avoir une autre place. Ah! si, j'oublie celle de femme de ménage pour les hommes de sa famille. Nous avons toujours le plus mauvais rôle dans l'histoire!

Noël et le Jour de l'An passent, tout le monde se gave et nous, nous sommes toujours à la même place, c'est-à-dire à la maison. Cette année, je digère très mal de ne pouvoir sortir faire la fête le Jour de l'An. J'ai gagné un peu d'argent, j'ai pu m'acheter des fringues, mais à quoi ça sert? Avec mes sœurs, on a essayé de tâter le terrain pour avoir une sortie exceptionnelle. C'est même Naïma qui était chargée de sonder. C'est juste resté une tentative, c'était impossible! Pour ne pas supporter de voir les deux autres s'habiller et aller s'éclater, je laisse encore une fois tout le monde devant la télévision et me barre dans ma chambre.

Kathia vient me demander de les rejoindre dans le salon; je n'en ai pas envie, j'ai trop les boules et je veux continuer à rester seule.

On est mercredi et, avec la mother, on a carburé à fond une bonne partie de la matinée à faire son ménage pour, après, s'occuper des démarches administratives. J'ai horreur de ça. Maintenant que je ne bosse plus au magasin de jouets, je suis obligée de me farcir tous les centres administratifs et leurs fonctionnaires avec. C'est rare que cela se passe bien : soit ma mother oublie la moitié de ses papiers, soit elle en ramène d'autres qui n'ont rien à voir avec ce qu'elle vient demander, soit, ce qui est pire et, il faut le dire, assez fréquent, on tombe sur un fonctionnaire qui d'entrée, lorsqu'il voit la tête de ma mère et ses tatouages, change la sienne. Encore une fois ça n'a pas loupé. Lorsque le numéro de notre ticket sonne, ma mother se rend dans le box où la bonne femme nous attend pour, normalement, nous renseigner. J'attache les lacets de mes pompes qui se sont défaits et me relève pour rejoindre ma mother et lui servir de « passeport ». J'entends à ce moment-là :

– Mais tu ne comprends rien ou quoi ? Si tu veux que je te rembourse le docteur il faut donner les autres documents !

Sur l'instant, je crois avoir mal entendu, mais lorsque je regarde le visage décomposé par la honte de ma mère, je vois rouge. Je m'approche de l'autre enfoirée et lui dis :

– À qui tu parles, là ? Tu sais que cette dame c'est ma mère ! Maman, M.A.M.A.N., tu sais ce que ça veut dire ? Pour qui tu te prends ? Qui te permet de la tutoyer ?

Elle me répond d'un air hautain :

– Vous aussi je vous signale que vous me tutoyez, et puis je croyais que c'était comme ça que ça se passait chez vous !

– Et qui t'a dit que tu faisais partie de « chez nous » ? C'est toi qui l'as décidé ?

Volontairement j'utilise le tutoiement pour m'adresser à elle, et je sais que ça l'irrite beaucoup. Je continue :

– Alors tu reprends tout à zéro, tu expliques à ma mère et à moi ce qui se passe, d'accord ? Parce que tu comprends, ma mère, elle a du mal à piger tous ces papiers !

Je l'entends qui me répond, en désignant ma mère avec mépris :

– Ouais, ben moi, ce n'est pas ma faute si elle comprend rien !

Et là, je craque un peu plus. Si elle n'était pas planquée derrière son bureau, je l'attraperais et la frapperais à ne plus m'arrêter. Je ne supporte pas quand on s'adresse avec mépris à ma mère, qui, elle, baisse toujours la tête dans ces moments-là, ce qui a le don de me mettre encore plus en colère.

Je me penche très, très près de son bureau et j'exige un responsable. Je l'incendie, cette tordue ! Le responsable ne vient pas et elle balise. La peur porte ses fruits, elle commence à remplir nos documents, mais avec toute la mauvaise grâce possible.

Ma mère me tire par la manche pour que je me taise, mais c'est plus fort que moi, je lui en veux trop, à cette conne, de nous avoir fait remarquer et d'avoir osé rabaisser ma mère. C'est trop méchant et gratuit. Je lui dis :

– Tu te prends pour qui ? Tu crois que tu es arrivée au sommet de ta vie parce que tu travailles derrière un bureau ?

Elle lève les yeux et essaie de m'impressionner avec son regard. Je continue pendant que ma mère me demande d'arrêter :

– T'arrives tous les jours à digérer ce que tu bouffes ? Parce que l'argent avec lequel tous les mois tu achètes de quoi bouffer pour toi, ton gentil mari et tes adorables bambins, c'est aussi l'argent des Arabes ! Tu te rends compte que grâce à eux, entre autres, tu as un salaire ! C'est aussi eux qui te paient. C'est dur à digérer, hein ? Tu n'as pas l'habitude d'entendre que tu bosses aussi pour des Arabes. Maintenant, de savoir tout ça, t'a pas envie de gerber ?

Elle ne répond toujours pas. Ma mother me

tire encore par la manche, et moi j'ai envie de continuer :

– Eh oui! c'est aussi les cotisations des Arabes qui servent à ce que tu n'ailles pas pointer au chômage! Allez, dis-le un peu : grâce aux bougnoules, je n'irai pas à l'ANPE Ça sort pas? C'est dur à avaler la réalité, quand même!

Elle nous rend nos papiers et appuie sur son bouton pour appeler la prochaine personne. En somme, elle nous dit de nous casser.

Ma mother n'attendait que cet instant. Elle tient la manche de mon pull et me tire vers elle, l'autre conne reprend son air hautain et moi, je lui dis en guise d'au revoir :

– Je te souhaite un bon appétit pour ce soir, sans oublier ta belle petite famille. Une dernière chose encore : excuse-nous de vivre!

Elle me regarde, hébétée, pensant véritablement que je viens de nous excuser d'être là.

À peine à l'extérieur, la mother m'engueule :

– Tu as été trop loin, Samia! Tu aurais dû te taire une fois qu'elle a pris nos papiers.

Je m'y attendais, à celle-là. Je lui réponds :

– Je nous défends parce qu'elle nous parle mal et toi tu m'engueules?

– Je ne t'engueule pas vraiment. Au début ça allait, mais après ce n'était pas la peine de continuer, on se fait remarquer en mal. Après, les gens disent que c'est encore les Arabes qui se font remarquer!

– C'est elle qui nous a fait remarquer, et puis je n'en ai rien à faire de ce que peuvent raconter les gens! Si c'est ce qu'ils pensent, je les emmerde! Je ne me laisserai pas faire, c'est tout! T'as pas vu comme elle t'a parlé, cette conne!

– Oui, je sais..., répond ma mother.

– Alors moi, je ne laisserai personne te parler comme ça! Et toi, pourquoi tu baisses la tête, hein?

– Je ne baisse rien du tout, mais j'attends que ça se passe; l'essentiel pour moi, c'est qu'elle me fasse mes papiers.

Avec colère je lui dis :

– Ces papiers, elle est payée pour les faire, les remplir avec respect! Et moi, jamais je ne baisserai la tête devant des gens pareils!

Ma mother me regarde et ne dit plus rien. J'ai une telle colère au fond de moi que je serais prête à casser n'importe quoi. Je ne veux pas et ne peux pas supporter que l'on se moque de ma mère et de mes origines! Humilier l'endroit d'où je viens, jamais!

Je le sais que je réagis violemment, mais il m'est impossible de faire autrement. Tous les jours un peu plus je nous sens agressés par tout et par tous. C'est surtout lorsque je suis accompagnée de ma mère. Des fois, j'en arrive à appréhender le moment où nous allons nous retrouver à l'extérieur; je sens des regards, et pas toujours positifs, sur ma mère et ses tatouages. Mes sœurs m'ont dit ressentir la même chose, la même angoisse. C'est régulièrement que l'on se dispute pour la défendre.

Ce qui m'exaspère au plus haut point, c'est le supermarché du Paradis. Pour entrer faire ses courses, il faudra bientôt présenter une carte d'identité. C'est vrai qu'il se fait souvent dévaliser, mais je suis désolée, ce n'est quand même pas une raison pour que j'accepte d'ouvrir mon sac au vigile! Je ne le supporte pas et la dernière fois je l'ai refermé vite fait, bien fait, sous le nez et le regard surpris du vigile. J'ai même dit en le regardant droit dans les yeux :

– Ferme ton sac, maman, tu n'as pas à justifier que tu es honnête!

J'attendais qu'il la ramène, et il m'aurait trouvée! Mais il s'est tu. Et ma mother, bien sûr, m'a demandé pourquoi je ne voulais pas me prêter à ces consignes.

– Pourquoi, ma fille, tu es toujours en colère contre tout le monde? Qu'est-ce que ça peut faire qu'il me regarde le sac, je n'ai rien à me reprocher moi!

C'est fou qu'elle n'arrive pas à comprendre ce que je veux lui dire!

Elle continue:

– C'est bien de me défendre, ma fille, quand je me fais agresser, mais ce n'est pas la peine, pour une histoire de sac, de se disputer tout le temps. Je ne veux pas d'histoires, ou sinon du matin au soir on ne fait que ça et plus rien d'autre n'arrive dans notre vie. Calme-toi, Samia...

– Je m'en fous! J'y passerai le temps qu'il faudra mais jamais je ne me laisserai faire!

Après la super matinée que nous avons passée ensemble, la mother et moi, nous sommes rentrées à la maison. Elle devait préparer non seulement le repas, mais aussi toutes sortes de gâteaux pour recevoir ses amies dans l'après-midi.

Je suis partie me réfugier dans ma chambre, en proie à la colère mais aussi à une profonde tristesse. Je suis mal à l'intérieur et à l'extérieur. Où je vais comme ça?

Vers les seize heures elles sont arrivées. Dès que je les ai vues, j'ai eu les boules. J'ai hésité à m'asseoir avec elles, puis je me suis laissée aller. Qu'est-ce que j'ai pas fait là! Ma mother m'a encore branchée sur mes chaussures qui ressemblent à celles de l'armée française ; elles se sont marrées sur mon dos. J'ai un peu ronchonné, c'est tout... Mais là où je me suis sentie mal à l'aise, c'est lorsque ces langues de vipère ont attaqué la vie des gens, notamment ceux du Paradis, surtout « la vie des filles » qui, d'après elles, ont « mal tourné ». Fathia et sa famille, entre autres, en ont pris plein la tête pour pas un rond.

Et ce qui m'énerve le plus c'est leur façon de me regarder lorsqu'elles disent :

– Mon Dieu ! Préserve-nous d'un tel malheur, que nos filles ne prennent pas le mauvais chemin...

Et bla, bla, bla, et bla, bla, bla... Et les autres sorcières de baisser la tête en signe d'accord, à savoir que toutes les jeunes filles d'aujourd'hui deviennent des traînées si on ne leur « serre pas la vis », comme elles disent.

– Elles veulent trop de choses, maintenant, ces filles ! ajoutent-elles en lançant un regard dans ma direction.

Et, dans le silence de la pièce, je les entends me dire :

– Attention, Samia, toi aussi tu ne devras pas faire rougir de honte ta famille ! Une suffit...

Et le pire, c'est que ma mother se trouve au milieu de ces harpies ! Cochise, elle, se tient silencieusement à l'écart.

Ce sont toutes des hypocrites ces bonnes femmes ! Il y en a certaines, dans le lot, dont les filles travaillent dans des grandes villes comme Lyon, Marseille ou Paris, et qui font le tapin mais disent qu'elles sont secrétaires ou font un autre boulot « honorable », comme le répètent souvent ces chères mères. Tous les mois ces filles envoient de l'argent à leurs parents, et eux font semblant de croire à ces mensonges pour avoir la conscience tranquille. Ce sont leurs mères les plus virulentes, les plus méchantes et les plus commères. Mais, voyez-vous, cela se passe en dehors du Paradis : rien ne s'est vu, alors l'honneur est sauf... Combien croient, ou font semblant de croire, à cette mauvaise histoire ? Ces filles ont voulu partir loin pour avoir la paix, celle que je recherche, alors, elles sont allées dans une ville où personne ne les connaît, où personne ne les jugera.

Je suis dégoûtée par tant d'hypocrisie. Elles sont toujours à leur fenêtre à essayer de capter la misère des autres pour mieux les assommer de coups de pied. Qu'est-ce qui les emmerde ? D'être nées trop tôt et de n'avoir pu vivre que ce qu'avaient décidé leurs parents ? Ce n'est pas notre faute à nous ! Ou bien, et c'est encore pire, elles ont vraiment adhéré à l'idée que les femmes sont et devront toujours se tenir un échelon plus bas que l'homme.

Voilà, elles ont réussi, ces langues de vipère, avec leurs regards et leurs ragots, à me faire culpabiliser pour un truc que je n'ai pas encore fait. Je sais que je me casserai de ce foutu Paradis où, en guise d'anges, je ne trouve que des sorcières.

D'un bond, je me lève pour leur échapper et regagne ma chambre. Je me mets à la fenêtre et regarde toutes ces tours pourries, ce jardin d'ordures, cette cité du désespoir. Là, je prends un immense plaisir à foutre le feu à toutes ces tours. Je commence par le supermarché, puis j'allume les mèches des tours les unes après les autres, sauf la mienne. C'est vraiment le délire. Tout est en flammes sous mes yeux et c'est moi qui ai allumé ce feu de joie. Je ne m'en lasse pas, j'en retire une satisfaction et une grande excitation, comme si d'un seul coup je nettoyais la cité de toute sa crasse. Un Paradis impur n'existe par normalement... Puis, doucement, je m'éloigne de la fenêtre. Les flammes dansent toujours sous mes yeux, je ne veux pas les éteindre, alors, je marche à reculons et regagne ainsi mon lit. Je m'assois, mon cœur bat très vite, je tire à moi mon sac de toile et sors le poème que j'ai trouvé dans un bouquin du lycée. Je le relis; je ne connais pas ce poète, mais ce qu'il a écrit résonne en moi très fort. Ce poème c'est moi!

Je prends mon marqueur et recopie le poème sur toute la surface de mon sac de toile. Je le relis et pleure tout doucement...

Il pleure dans mon cœur
Comme il pleut sur la ville.
Quelle est cette langueur
Qui pénètre mon cœur?

Ô bruit doux de la pluie
Par terre et sur les toits!
Pour un cœur qui s'ennuie,
Ô le chant de la pluie!

Il pleure sans raison
Dans ce cœur qui s'écœure.
Quoi! Nulle trahison?
Ce deuil est sans raison.

C'est bien la pire peine
De ne savoir pourquoi
Sans amour et sans haine
Mon cœur a tant de peine.

PAUL VERLAINE

Je m'apprête à sortir de la classe lorsque j'entends :

– Samia!

Je me tourne face à madame Sallibert.

– Oui, madame!

– Voulez-vous m'attendre s'il vous plaît, je voudrais vous parler!

Je l'attends près de la porte d'entrée. Elle s'approche et me dit :

– Je voudrais vous poser une question, Samia...

– Oui ?

– Vous avez envie d'être vendeuse toute votre vie ?

– Non, madame! Mais je n'ai pas vraiment le choix; je suis là parce qu'il faut être quelque part, mais je n'ai jamais aimé la vente!

– Et vous savez ce que vous aimeriez faire si vous le pouviez ?

– Non, madame, je ne sais pas!

Je ne comprends pas pourquoi madame Sallibert me pose toutes ces questions.

Elle reprend :

– Vous connaissez l'animation, Samia ? Vous savez ce que c'est ?

– À peu près, oui. Je sais que c'est les BEP sanitaire et social qui font ça.

– Et vous, cela vous intéresserait de faire de l'animation ?

– Oui, pourquoi pas ? Je ne sais pas trop ce qu'il faut faire, mais je veux bien essayer, ce sera toujours mieux que la vente...

– Bon, très bien ! Vous avez cours le samedi matin ?

– Oui.

– Attendez-moi samedi midi devant le portail du lycée. Une amie doit venir me chercher, je vous présenterai !

– D'accord, madamc Sallibert. À samedi alors, et au revoir !

– Au revoir, Samia.

Je suis rentrée à la cité et, jusqu'au samedi, j'ai continué mon train-train habituel. J'ai pensé quelquefois à madame Sallibert et à l'amie à qui elle doit me présenter, mais sans m'y attarder. Je suis dans un tel état moral que je me laisse vivre au jour le jour. Je ne veux pas trop penser à l'après parce que j'ai peur, peur de tomber plus bas dans ma tête.

J'attends madame Sallibert devant le portail. Je la vois qui arrive. Ensemble nous allons rejoindre son amie.

– Voilà, Marianne, la jeune fille dont je t'ai parlé, Samia.

Marianne me tend la main et me dit :

– Bonjour, Samia. Je suis ravie de te connaître.

Je prends sa main.

– Bonjour, madame...

– Non ! Marianne, me dit-elle en souriant. Ça sera beaucoup mieux, d'accord !

– Oui, d'accord !

Mais je ne répète pas son prénom, pas encore, je suis intimidée. C'est une amie de ma prof, quand même.

Madame Sallibert reprend :

– Marianne est directrice d'une maison de quartier. Il serait intéressant que vous vous rencontriez pour discuter de tout ça... Vous êtes libre le mercredi, maintenant, Samia ? Vous n'avez plus besoin de passer la pratique puisque vous l'avez !

– Oui.

Je ne sais et ne peux répondre autre chose. Elle continue :

– Bon, nous allons déjeuner toutes les trois ensemble mercredi.

Se tournant vers Marianne, elle rajoute :

– Cela t'est possible ce mercredi qui vient ?

Marianne hoche la tête pour dire qu'elle est O.K. !

– Et vous, Samia, cela vous est possible ?

Depuis qu'elle a parlé de mercredi midi, je sais que ce ne sera pas faisable. Dans la journée, en dehors des repas, j'aurais pu inventer n'importe quoi, mais m'absenter uniquement pour le repas je ne l'ai jamais fait et j'ai peur que ça ne passe pas. Elles attendent ma réponse, alors, je me lance, avec un peu de honte :

– Je ne sais pas, madame Sallibert ! Normalement, je n'ai pas le droit de sortir, surtout pendant les repas, mais si vous venez me chercher, peut-être que ça passera. Ma mère aura confiance parce que vous êtes prof.

Voilà ! Ouf ! C'est sorti. Elle me répond :

– Bien sûr, Samia, je viendrai vous chercher, ne vous inquiétez pas. D'ailleurs vous allez dès à présent me donner votre adresse... Je passerai vers onze heures trente, ça vous va ?

– Très bien, madame, comme ça j'avertis ma mère et c'est bon !

Je lui donne le numéro de la tour du Paradis, « je connais », me dit-elle, sans que j'aie besoin de rajouter l'adresse.

J'ai beaucoup de plaisir à rentrer à pied aujourd'hui, je ne cesse de penser à cette rencontre, je plane un peu. Je ne connais pas l'animation, mais je sens que ça va être un plan super. Et puis aller manger chez sa prof de français, ce n'est pas rien ! Je suis la seule de la classe à être invitée chez elle, je ne peux m'empêcher d'en être fière et excitée. Tout ça met un peu de belles couleurs en moi-même. Je suis bien ! Comme cela fait longtemps que je ne l'ai pas été !

Je rentre dans d'heureuses dispositions à la maison. Avec mes sœurs, nous évacuons vite le ménage pour partir nous balader en ville. Nous nous installons sur un des bancs de la place, là où d'autres jeunes se retrouvent et, à force de regarder les gens qui passent et qui repassent, nous commençons à parler d'eux, mais uniquement sur les points les plus critiques, les plus moches. Nous réussissons sans qu'ils le sachent, heureusement pour nous, à leur tailler un costume tout neuf pour le printemps. Le summum de la rigolade est atteint lorsque nous décidons d'associer les gens entre eux ; l'arrêt de bus près de nous s'y prête à merveille. Les plus moches on les met ensemble, suivant comment ils sont habillés, la gueule qu'ils ont, s'ils sont jeunes ou vieux. Au départ, nous démarrons le jeu en constituant uniquement des couples, mais très vite nous rassemblons les gens entre eux, jusqu'à construire des familles entières. Comme quoi, les gens n'ont pas besoin d'être de la même famille pour être regroupés. S'ils sont moches, laids et pauvres, ils arrivent dans la vie en étant tout tordus, comme s'ils étaient fatigués d'être là. Et il y en a, devant cet arrêt de bus, des gens qui n'arrivent pas à se tenir droits! Nous arrivons même à les faire passer d'une famille à l'autre sans que ça chamboule quoi que ce soit; l'essentiel, c'est qu'il y en ait un nombre suffisant, parce qu'en fin de compte, ils se ressemblent tous. Mais Naïma, qui en a assez, gâche notre délire lorsqu'elle nous dit avec un sourire au coin des lèvres :

– Et vous, dans quelle famille vous vous mettez ?

Sitôt rentrées chez nous, je regagne ma chambre, et là, qui je trouve en train de fouiller dans mes cartons? Le Foued en personne, la tête enfouie dans mes bouquins.

– Qu'est-ce que tu fous là ?

Surpris, il se retourne en sursautant!

– Je m'emmerde toute la journée et, comme je te vois toujours le nez dans tes bouquins, je me suis dit que ça devait être pas mal. Alors j'en cherche un qui pourrait me plaire!

– Ah oui! lui dis-je, un peu sur la défensive.

Je n'ai pas trop confiance en Foued, va savoir ce qu'il farfouillait! Un instant, je flippe à l'idée qu'il ait pu trouver mes journaux.

– Alors, tu me prêtes un bouquin ?

Je m'approche de mes cartons, plus pour l'éloigner de ce qui m'appartient que pour lui filer quoi que ce soit. Je lui balance :

– Je ne comprends pas, moi, avec la liberté que tu as, tu t'emmerdes! Faut le faire quand même! Moi, à ta place, je te prie de croire que je ne m'ennuierais pas! Enfin, bref! Qu'est-ce que tu aimes lire?

– Je ne sais pas moi, tu n'as qu'à me conseiller. Tu dois les connaître par cœur, tes bouquins, depuis le temps que tu as le nez dedans!

Il me fait de l'humour, le Foued! J'ai envie de l'envoyer balader, histoire de lui montrer qu'aujourd'hui c'est lui qui a besoin de moi. Mais je me ravise; en fin de compte ça me fait plaisir que Foued ait envie de lire. Je crois que c'est la première fois qu'il s'intéresse à un bouquin. Je me débarrasse de mon sac de toile, plonge la tête dans mes cartons et lui dis:

– J'élimine ceux qui, je pense, ne te plairont pas... des histoires de nanas. J'aime bien les romans qui racontent que c'est les filles qui vont gagner parce qu'elles sont fortes!

Foued me regarde, surpris. Il doit se demander ce que je lui raconte. Je continue:

– Alors que toi, en tant que mec, tu n'en as rien à faire des histoires de nanas, surtout si c'est des conquérantes et qu'à la fin ça se termine bien pour elles!

Foued ne répond toujours rien. Il se dit sûrement qu'il est préférable de me laisser délirer s'il veut obtenir ce qu'il est venu chercher...

– Mais je crois que j'ai quelque chose pour toi, et en plus ça risque de te plaire! Regarde voir un peu, qu'est-ce que tu penses de celui-là?

Je lui tends le bouquin.

– Ça parle de quoi?

– Tourne-le et lis derrière, c'est un résumé, après je t'expliquerai!

Foued s'y met et je reprends:

– Qu'est-ce que tu en dis? Hein? En plus c'est véridique! À travers une histoire romancée l'auteur raconte la véritable extermination des Indiens d'Amérique par les colons blancs! C'est terrible, mais c'est vrai!

– Ouais, d'accord, je te le prends!

– O.K.! Et si ça te plaît, j'en aurai d'autres à te passer : sur les Indiens, mais aussi sur les Noirs quand ils étaient trimbalés partout dans le monde, attachés comme des animaux pour être vendus et devenir des esclaves, et par des Blancs toujours!

Foued n'en revient pas de tout ce que je lui déballe. En fait, nous n'avons jamais discuté de ce genre de choses entre nous. En tout cas, ça a l'air de lui plaire puisqu'il me dit :

– C'est bon, Samia, je commence par celui-là, et si ça m'accroche, je te branche encore sur tes bouquins! O.K.?

– Pas de problèmes, Foued, quand tu veux!

Il sort de ma chambre pendant que je m'installe convenablement afin de ranger tous mes livres. En passant, je vérifie si les doubles fonds de mes cartons n'ont pas bougé et si mes écrits sont toujours là. Je me méfie quand même de Foued, le loup deviendrait-il brebis. Mais rien n'a bougé, tout est en place. Je suis quand même arrivée à temps : malgré ses bonnes intentions, s'il était tombé dessus, tu parles qu'il se serait rincé l'œil sur mes journaux! Il va falloir que je trouve une autre planque, on ne sait jamais. Surtout que, s'il aime lire, il risque de venir chercher des bouquins quand je serai en cours...

Il ne pouvait pas mieux tomber en me demandant de le conseiller : s'il y a une chose que je connais bien, c'est les livres! J'ai pris du plaisir à lui parler d'une de mes deux passions; je me suis sentie pas trop conne, un peu intelligente quoi!

Le Foued nous épate tous. Il ne lit pas les livres, il les avale! De plus, maintenant je connais bien ce qu'il aime : les Indiens, les Noirs, enfin tous ceux qui ont été largués... comme lui, quoi! Moi aussi, j'ai eu ma période. Ça me plaît de jouer à celle qui sait, qui conseille, c'est génial. Nous en discutons entre nous. Je crois qu'il a changé, Foued, et ce, depuis sa rencontre avec les flics et la prison; il a eu mal. À force de faire le pied de grue devant l'immeuble, on finit par devenir immobile pour de bon. Mais on peut aussi se barrer dans tous les sens, jusqu'à retourner faire un stage dans les cellules grises de l'angoisse qu'est la prison. Je préfère que Foued soit venu fouiller dans mes cartons.

Je suis assise dans le salon avec la mother et Cochise; nous attendons madame Sallibert. Je ne me suis pas trompée lorsque j'ai pensé que la mother m'accorderait sa permission si je mettais ma prof en avant, mais c'est Cochise qui a trouvé une super réponse à ses hésitations :

– C'est un honneur, pour Samia, d'être invitée chez un professeur. Elle va continuer à lui apprendre plein de choses, et cette année, ta fille va te le rapporter, le diplôme! Tu vas voir!

Cochise a sorti les mots magiques pour ma mother; diplôme égale « bagage », alors c'est bon!

Madame Sallibert arrive; je fais les présentations et, pendant que je vais chercher mon blouson, j'entends Cochise qui n'arrête pas de dire :

– Merci, merci, m'dame! Merci pour Samia!

Ma mother hoche la tête à côté d'elle à chaque fois qu'elle entend le « merci » de sa sœur. Je m'approche discrètement de la porte pour me rendre compte de la situation; là, je vois madame Sallibert en face des deux frangines, ne sachant quoi répondre aux « merci » de Cochise. Elle ne sait pas parler notre langue, alors elles se sourient toutes les trois, une parce qu'elle est gênée, et les deux autres par reconnaissance. Je me force à retenir le fou rire qui me gagne et les rejoins dans le salon.

Nous partons sous les « merci », et les « au revoir m'dame » de Cochise, servis un million de fois le temps de gagner la porte d'entrée.

– Je ne vous la ramène pas trop tard. Ne vous inquiétez pas, elle est avec moi! dit madame Sallibert.

Je ne sais pas si elles ont tout compris, mais elles répondent :

– Oui, oui, merci, merci, m'dame!

O.K.! Maintenant, on se tire pour de bon, ou sinon demain on est encore là.

Nous arrivons chez madame Sallibert. C'est trop génial, elle habite dans une maison toute seule, et à la campagne en plus! Elle a l'air d'être bien ici. Marianne nous attend sur le pas de la porte, je suis contente de la voir.

Je ne me souviens plus de ce que l'on a mangé, je m'en fous! Mais je me rappelle que nous avons beaucoup parlé. Marianne m'a expliqué ce qu'est l'animation et que, si je le désire, je peux venir dans sa maison de quartier dès mercredi prochain, afin de voir et de comprendre comment ça se passe. Et si cela me plaît, je pourrai me former aux « techniques », dit-elle, de l'animation; il existe des stages de formation pour cela.

Mais le hic, pour moi, c'est lorsque j'apprends non seulement que ce stage, qui a lieu pendant les vacances scolaires, est payant, mais qu'en plus, il me faudra partir toute une semaine. Moi, cette perspective m'enchante : se barrer une semaine du Paradis fermé, quelle joie! Mais les parents risquent de le voir d'un autre œil. Ils ne me laisseront jamais partir une semaine, et un mensonge est impossible à trouver pour tous ces jours. Je serais vite découverte, et bonjour la fiesta pour moi! Ça fait un moment que le KGB ne s'est pas défoulé sur moi, il aurait de quoi se rattraper!

Je leur explique donc qu'il me sera difficile de m'échapper toute une semaine; je ne leur parle pas de l'argent que je n'ai pas, je ne veux pas qu'elles pensent que je veux les taper, mais c'est vrai que je ne sais pas encore comment je me procurerai cet argent pour faire ce stage, si par miracle, je peux le faire.

– Et si je lui explique, moi, à ta mère? demande madame Sallibert.

Elle me tutoie.

– Je ne sais pas, on peut toujours essayer... Je vais d'abord tâter le terrain toute seule, avec ma tante à côté, et si ça ne marche pas, alors, vous viendrez appuyer ce que j'ai dit. Peut-être qu'elle aura plus confiance. Je vais voir!

– D'accord, Samia, tu vois et tu nous tiens au courant! dit-elle en se levant. Moi, je dois partir, mais si tu veux, tu peux rester à discuter avec Marianne, elle te raccompagnera. Pas trop tard, hein? J'ai promis à ta mère. Et si je dois retourner la voir pour le stage de février, autant que cela se passe bien dès maintenant!

Nous restons en tête à tête avec Marianne, et là, je ne sais pas ce qui me pend, je lui déballe tout mon ennui, le blues qui me mange. Je lui parle de cette cité pourrie où je trouve dégueulasse qu'on nous entasse, que des fois je n'ai plus confiance en personne, et qu'il m'est de plus en plus difficile de croire en quelque chose. Je me vide de tout ce qui me fait mal, de cette tristesse qui m'étouffe. Marianne est là, assise de l'autre côté de la table, pendant que je déballe tout. Je n'ose plus la regarder dans les yeux. J'ai un peu honte de me laisser aller comme ça, je me trouve faible, mais c'est plus fort que moi, les mots se détachent un à un de ma bouche, je ne peux plus les retenir. Eux aussi ont besoin de s'échapper.

Marianne voudrait me répondre qu'elle n'aurait aucune chance d'en placer une. Je n'arrête plus et l'image que j'ai de moi est celle où je me vois en train de me liquéfier, de me diluer. C'est le vide le plus complet. Mais qu'est-ce que cela me soulage aussi! Je me sens plus légère.

Lorsque je m'arrête, je lève mon regard vers Marianne qui m'écoute, les yeux toujours posés sur moi, et je me souviens du rêve que j'ai fait la nuit passée. Rêve ou cauchemar? Je ne sais pas mais, pendant toute sa durée, je n'ai cessé de pleurer, il m'était impossible de m'arrêter ou de me freiner. Et, lorsqu'au matin je me suis réveillée, j'ai été soulagée de savoir que cela s'était passé uniquement dans mon sommeil...

Marianne me ramène au Paradis. Le silence nous accompagne pendant tout le trajet, je me sens mal à l'aise de m'être laissée aller. Avant de nous quitter en bas de la tour, nous prenons rendez-vous pour le prochain mercredi dans sa maison de quartier.

Dès que j'arrive, Cochise et ma mother attendent le rapport :

– Alors, tu nous racontes?

Je ne sais pas trop par où commencer, j'ai peur de parler du stage d'animation; je me lance tout de même. Elles sont là à attendre...

– Eh bien, nous sommes arrivées chez ma prof, elle habite une super maison à la campagne...

– Toute seule, elle habite? me coupe ma mother.

– Oui!

– Comment, elle n'a pas de mari?

– Je ne sais pas, moi, en tout cas je ne l'ai pas vu!

Et pour arrêter les questions de ce style, j'ajoute :

– Il devait travailler aujourd'hui, c'est pourquoi je ne l'ai pas vu!

Je pense en avoir terminé avec le sujet, quand je l'entends me demander :

– Et les enfants? Elle en a, au moins, sinon ce n'est pas normal ça!

Pour avoir la paix, je lui réponds :

– Mais bien sûr qu'elle en a, mais ils doivent être grands puisqu'ils sont en fac, comme Samira!

Bon, ça y est! Je lui ai fait la fiche signalétique de ma prof, elle est conforme à ses critères, ma mother est rassurée, maintenant je peux y aller. Mais je ne sais plus par où commencer et c'est la mother qui, sans s'en rendre compte, me tend la perche :

– Pourquoi elle t'a invitée à manger? Je ne comprends pas!

– Eh bien maintenant que je le sais, je vais vous expliquer!

J'ai peur de me ramasser, et puis comment dire à la mother et à Cochise ce qu'est l'animation et le coup du stage de février?

– Voilà, je vous explique... En plus de passer mon diplôme de vendeuse, ma prof me propose, tous les mercredis, d'aller dans un centre où il y a des enfants pour apprendre un autre métier!

C'est ma mother qui dit :

– À quoi ça peut te servir d'avoir un autre métier, si tu en as déjà un?

Cochise ne dit rien et moi je sens que je vais m'empêtrer :

– Eh bien, ça sert qu'il vaut mieux apprendre deux métiers plutôt qu'un, au moins tu es sûre d'en avoir un sur deux!

– Pourquoi courir après deux métiers, alors que pour en avoir déjà un c'est difficile? Je ne comprends pas ce que tu veux dire, ma fille!

Et merde! J'ai fait tout faux, il faut que j'essaie de reprendre par un autre biais, et avec calme, parce que je suis en train de tout faire foirer.

– Ma prof pense qu'au lieu que je ne fasse rien le mercredi, autant que je m'occupe à apprendre quelque chose d'intéressant, voilà!

– Mais qui a dit que tu ne faisais rien le mercredi? J'ai besoin de toi, moi! Tu es la seule de libre ce jour-là, et j'ai besoin de toi pour le ménage, les papiers, les courses... et l'après-midi tu restes avec ta tante et moi, c'est très bien comme ça!

Elle s'énerve, la mother, et moi avec, surtout lorsque j'entends que ma présence est indispensable pour le ménage! Alors j'éclate :

– Pourquoi c'est moi qui me taperais le ménage? Je ne suis pas la seule ici!

– Tu es la seule à ne rien faire le mercredi, tes sœurs sont à l'extérieur ce jour-là!

– Je n'en ai rien à faire! Moi aussi, maintenant, je serai occupée le mercredi! Je ne vais pas passer ma vie à faire le ménage, non! Ce n'est pas écrit pigeon sur mon front, merde! Et puis quoi encore?

Cochise, qui n'a toujours rien dit, nous demande de nous calmer et me pose cette question :

– Pourquoi tu veux aller apprendre un autre métier, Samia? Il ne te plaît pas celui que tu as?

– Non, il ne me plaît pas! Je le déteste, voilà! À l'idée que je vais passer ma vie à servir des gens, en étant enfermée toute la journée, j'en suis malade! J'ai la chance que ma prof veuille m'apprendre autre chose, et à cause de ce putain de ménage, je ne peux pas!

Je me lève, en colère, et me dirige vers ma chambre en pleurant. Je n'arrive pas à croire ce que vient de me dire la mother. Tu parles! Le ménage c'est une excuse, et mauvaise en plus, pour ne pas me laisser sortir! Je m'en fous! Je ne me laisserai pas faire.

Je suis restée enfermée jusqu'au lendemain matin. Je n'ai pas voulu manger, bien que Cochise soit venue me chercher pour passer à table. Kathia m'a rejointe un peu plus tard pour me raconter la conversation des deux frangines. D'après elle, Cochise aurait réussi à convaincre la mother de me laisser aller à la maison de quartier de Marianne le mercredi. Merci, Cochise! Mais rien n'est gagné, il y a encore à négocier la semaine de stage et à trouver l'argent pour le payer. Mais chaque chose en son temps et, dans l'immédiat, je me contente du mercredi.

Après Cochise, c'est Naïma qui m'aide à faire comprendre à la mother la nécessité pour moi de partir afin de continuer l'apprentissage de l'animation. C'est dur, dur! La mother n'arrive pas à comprendre, ou ne veut pas piger, pourquoi il faut que je m'en aille ailleurs pour continuer à apprendre ce que je fais déjà le mercredi. En fait, elle n'a pas du tout envie que je me barre quelque part, et c'est Naïma qui lui dit :

– Pourquoi Samira, elle part toute la semaine pour apprendre et des fois elle ne rentre pas le week-end, et pas Samia ?

– Ce n'est pas la même chose, répond ma mother. Samira est en faculté et c'est très important!

Elle me fout les boules, la mother. Qu'est-ce que ça veut dire : « c'est très important » ? Mais je préfère me taire et laisser parler Naïma, plus diplomate.

– Ce n'est pas juste ce que tu dis là. Parce que, si Samia veut continuer à faire ce qu'elle apprend le mercredi, il faut qu'elle parte une semaine.

– Qu'est-ce qu'elle va faire pendant une semaine ? Je ne comprends rien à ce métier qu'elle veut faire! Tu es partie, toi ? dit-elle en s'adressant à Naïma, non! Et pourtant tu travailles! Samira, c'est pour continuer les études, ce n'est pas pareil.

Je n'arrive pas à croire que ma mother soit aussi bornée. De toute façon, là, je lui demande la permission, mais ce qu'elle ne sait pas, c'est que je ferai quand même ce stage, qu'elle soit d'accord ou pas, quitte à me prendre une raclée par le KGB. Je ne céderai pas!

Naïma continue son discours pendant que Cochise nous écoute.

– Je vais t'expliquer, maman, et tu vas voir, tu vas vite comprendre. Voilà, tu te souviens quand on était petites, tu nous mettais en colonie de vacances ?

Ma mother opine de la tête.

– Dans ces colos, il y avait des moniteurs de vacances, eh bien c'est ce que Samia apprend le mercredi et pendant sa semaine de stage.

La mother répond en me regardant :

– Et c'est ça que tu veux apprendre comme métier, Samia ?

Elle est surprise, choquée même. Elle continue :

– Comme ça, tu seras toujours partie, tu seras plus avec nous ! C'est pour ça que tu veux faire ce métier, Samia ?

Silence dans la pièce, je ne peux rien répondre. Alors elle reprend :

– Mais ce n'est pas un métier, ça ! Tu vas travailler pendant les vacances et le reste de l'année, qu'est-ce que tu vas faire ?

J'en ai marre, elle me prend la tête la mother avec ses questions ! Par découragement, je lui réponds :

– Je n'en sais rien, mais c'est ce que je veux faire, et puis je vais le passer, l'examen de vendeuse, comme ça, je ferai les deux. Voilà, tu es contente ?

– Moi, je ne suis contente de rien du tout, c'est pour toi que tu travailles, pour ton avenir...

– Alors, laisse-moi le choisir mon avenir !

Se tournant vers Naïma, ma mother lui demande :

– Quoi ? Qu'est-ce qu'elle a dit ta sœur, j'ai rien compris.

– Rien, rien, elle parlait toute seule.

Oui, c'est ça, je parle seule et dans le vide

depuis un moment déjà. J'en ai ras le bol! Et ma mother qui dit à l'adresse de Cochise :

– Tu vois, ma sœur, j'ai cédé sur le mercredi, maintenant c'est une semaine qu'elle veut!

Se tournant vers moi, elle ajoute :

– Et la prochaine fois, ce sera quoi, hein? Dis-moi un peu, Samia?

Je préfère ne pas répondre et garder la tête baissée. Ça m'énerve toutes ces histoires pour se barrer une semaine. Elle continue :

– Qu'est-ce que je vais dire à ton père, moi?

– Eh bien, qu'elle a dû partir une semaine avec l'école, c'est tout, répond Naïma.

– Tu te rends compte de ce que tu me demandes, mentir à ton père!

– Ce n'est pas un vrai mensonge, maman, puisque c'est par sa prof qu'elle part faire ce stage.

Ma mother pousse un soupir de lassitude, pendant que moi, je me lève pour me barrer de cette cuisine où je commence à étouffer.

Naïma me rejoint dans la chambre. Elle me dit :

– Écoute, ne flippe pas, Samia, je crois que c'est bon. La mother va céder; elle ne comprend pas vraiment l'intérêt, mais tu vas voir, tu vas y aller faire ton stage!

– De toute façon, avec ou sans accord maintenant, j'ai décidé que je le ferais...

– Arrête de dire des conneries! Après, tu vas encore te prendre la grosse tête par le KGB! Non, ce n'est pas la meilleure solution, tu es folle, toi! Tu n'as pas peur?

– Bien sûr que j'ai peur de lui, mais pour une fois qu'il y a un truc qui me branche, on ne veut pas me laisser faire. Toi, c'est bon, entre ton boulot et ton sport, tu arrives à te barrer.

Kathia, c'est pareil. Samira, n'en parlons pas, elle a réussi le gros coup de l'année ! Et pendant ce temps, moi je suis toujours à tourner en rond ici !

– Oh ! Arrête de pleurer, s'il te plaît, tu n'es pas la seule à en avoir marre d'être ici. Tu crois que moi aussi, je n'ai pas envie de sortir plus souvent seule ? Et le soir tant qu'à faire, au lieu de rester enfermée à faire soit le ménage soit rien, à m'ennuyer ! Moi aussi j'en ai ras le bol ! Demande à Kathia ce qu'elle en pense, et tu verras qu'elle est comme nous, même si c'est vrai que Kathia et moi, nous avons le basket pour nous barrer de temps en temps le dimanche !

– Au moins, vous, vous avez ça, moi je n'ai rien du tout, alors j'ai décidé, avec ou sans accord, je me casserai !

Naïma me rappelle à l'ordre en me disant :

– Ah, oui ! Et avec quoi tu comptes faire ce stage ? T'as trouvé les ronds ?

– Non, je n'ai rien trouvé du tout, je ne sais pas encore comment je vais faire. Tu penses bien que je n'en ai pas parlé à la mother, si en plus je lui dis qu'il faut que je paie pour me barrer une semaine, elle va faire une attaque. Alors, pour l'instant, je n'en sais trop rien !

– Si tu veux, j'ai commencé à mettre de l'argent de côté pour m'acheter une voiture, je peux t'en passer un peu, mais je ne peux pas te payer la totalité de ton stage.

– Merci, Naïma, tu assures vraiment ! Si déjà tu m'avances la moitié, je vais essayer de me débrouiller pour trouver le reste !

Cela fait déjà plusieurs mercredis que je me rends dans cette maison de quartier, je m'éclate, non seulement parce que j'apprends de nouvelles choses, mais aussi parce que j'ai fait la connaissance d'autres jeunes de mon âge qui font leur stage là-bas. Certains sont même au LEP avec moi et depuis, à chaque pause, je les rejoins dans la cour ou dans le foyer socio-éducatif; avant de les connaître, je ne savais même pas qu'il en existait un au lycée. Comme je suis décidée à partir, je rapporte à Marianne le dossier que j'ai rempli avec Naïma, afin de faire la première partie de mon stage d'animateur. Lorsque je lui remets le dossier, Marianne me demande :

– Alors, c'est bon, Samia, tu as réussi à convaincre ta mère, ou bien il est nécessaire que Catherine aille lui en parler ?

Je préfère ne pas lui prendre la tête avec mes histoires, et lui réponds :

– Non, ce n'est pas la peine, ma mère est O.K. pour que je fasse mon stage. C'est bon, je te remercie !

– Et tu as de quoi le payer ?

Je suis gênée, alors je me tais.

– Comment comptes-tu faire, Samia ? Tu en as discuté avec ta mère ?

– Non ! Tu comprends, j'ai préféré ne pas lui parler d'argent. De toute façon, elle n'en a pas, et puis ça ne passera pas si je lui dis qu'en plus il faut que je paie.

– Mais comment tu vas faire ? Tu sais qu'il faut envoyer, en même temps que le dossier, un chèque qui paie la première partie, et l'autre lorsque tu arrives au centre !

– Ils en ont de bonnes, eux ! Je n'ai pas de chéquier, moi !

– C'est un détail, Samia, je te le fais, moi, le

chèque. Mais tu ne m'as toujours pas répondu : où vas-tu prendre l'argent ?

– J'y arrive, Marianne. Pour l'instant ma sœur Naïma me prête la moitié de la somme, que je lui rendrai plus tard, et pour l'autre moitié je vais m'arranger, voilà !

– Et comment ? insiste Marianne.

– Je ne sais pas, je verrai, j'ai encore quinze jours pour trouver !

– Écoute... je ne doute pas que tu puisses le trouver, mais pour l'instant tu ne l'as pas, alors moi je te propose de faire un chèque global, tu me rembourseras une partie avec l'argent de ta sœur, et l'autre on verra plus tard ! Tu es d'accord, Samia ?

Bien sûr que je suis O.K., elle m'enlève une drôle d'épine du pied ! Je suis contente et gênée à la fois, je ne sais pas quand je pourrai les lui rendre.

– D'accord, Marianne. Je te les rendrai, je te le promets... Et je te remercie beaucoup !

– Oui, c'est ça, on verra plus tard. Maintenant, retourne bosser avec les autres !

Je n'ai pas fermé l'œil de la nuit, ce n'était pas possible. Je suis trop excitée à l'idée de partir une semaine. C'est trop génial, et je n'arrive pas encore à y croire complètement. Il est six heures, et j'ai rendez-vous dans une heure avec Marianne en bas de la tour. C'est elle qui m'emmène au centre pour faire mon stage.

Depuis que je sais que je m'en vais, je me tiens prête. Une semaine pour moi toute seule! C'est trop le délire, ce stage! Ma mother me fait la tête depuis deux jours, c'est pourquoi j'ai fait mes bagages avec le plus de discrétion possible. On ne sait jamais, qu'il lui prenne l'envie de ne plus me laisser y aller. Alors, je me dis : « Cool, cool, Samia, ne t'excite pas trop, tu n'es pas encore dehors! »

Arrive l'heure, je suis seule lorsque j'ouvre la porte; ils dorment tous encore, et je préfère qu'il en soit ainsi. Sitôt que je me retrouve dans l'ascenseur, je pose mon sac de voyage, fais un saut en poussant une gueulante de joie, et une terrible crise de fou rire me prend. Je me dis : « T'as réussi, Samia! Tu le fais ton stage, pour de bon tu te barres une semaine loin du Paradis! »

Je réussis tant bien que mal à me calmer pour rejoindre Marianne, qui m'attend plus loin, dans sa voiture. Enfin nous nous éloignons de cet endroit... Longtemps je me souviendrai de cette première journée de liberté...

Je regarde partout. En fait je ne suis jamais sortie du Paradis pour aller me balader ailleurs, dans une autre ville. Même le soleil est là aujourd'hui, histoire d'imprimer pour longtemps dans mon esprit cette journée pleine de couleurs.

Nous arrivons au centre. Marianne me laisse et me donne rendez-vous dans une semaine pour me ramener.

Dès qu'elle s'en va, je commence à flipper. Je me retrouve seule, je ne connais personne, et j'ai peur d'être nulle. Jusqu'à présent, je ne m'étais pas posé la question de savoir si j'y arriverais ou pas, je n'y ai même pas pensé du tout, j'étais trop préoccupée à négocier cette semaine. Et là, tout d'un coup, j'ai peur de ne pas être à la hauteur. Je n'ai jamais fait ce genre de stage, je ne suis pas en BEP mais en CAP. Je délire complètement sur mon angoisse lorsque j'entends :

– Bon, puisque tout le monde est là, nous allons dans un premier temps vous installer, puis vous faire visiter la maison...

Il a une bonne idée, celui-là, ainsi, je penserai à autre chose.

On s'installe dans les dortoirs et on part visiter l'extérieur. C'est le délire ! On se balade dans le parc, il est vraiment trop beau, avec un maximum d'hectares. Le genre d'endroit où ça doit être super de vivre toute l'année. Et l'odeur, c'est autre chose que celle du Paradis.

Je fais la connaissance des autres filles, elles

me semblent sympathiques. Je suis tellement contente d'être là que tout me paraît très bien.

Dès le premier jour, je me suis installée au fond de la salle, et j'ai bien fait. Je n'ai pas réussi à prendre une seule note pendant les cours d'animation et, pour ne pas me faire remarquer, j'ai dessiné (histoire de faire quelque chose); le soir, sur mon lit, j'ai recopié les cours des autres participantes.

D'après les filles avec lesquelles je me trouve, il paraît que ce stage manque d'organisation. J'avoue que je n'ai pas trop fait attention, je suis trop occupée à mettre mes cahiers d'activités à jour. Mais c'est vrai qu'il y a tout de même des trucs qui clochent.

Le jour de ces fameux ateliers, par exemple, on nous annonce que la répartition des stagiaires a eu lieu, mais qu'il n'y a aucun matériel. Au début, je ne le crois pas et me dis qu'avec tous ces stagiaires qui ont payé, les organisateurs auraient pu acheter du matériel neuf. Mes copines commencent à gueuler et moi je suis, c'est normal. Ils se moquent de nous. Je suis tombée dans le groupe le plus contestataire. Pour nous calmer, ils nous sortent du matériel qui date de l'an pèbre, et les ateliers de peinture sur soie, de macramé et de cuir ont quand même lieu.

Après, il faut encore se mobiliser pour les jeux d'extérieur, les jeux de groupe, mais moi, je nous trouve un peu ridicules à tourner autour d'une gamelle, le temps que les autres aillent se cacher. Même les minots du Paradis, je suis sûre qu'il y a longtemps qu'ils ne jouent plus à ce genre de jeux.

C'est vrai que je suis un peu déçue par l'organisation, mais pas autant que mon groupe car, en fait, nous ne sommes pas ici pour les mêmes raisons. Les filles sont là parce que, pour elles, l'animation est un moyen de se faire un peu d'argent dans un endroit agréable, de travailler tout en continuant à avoir des loisirs. Pour moi, c'est surtout un moyen de m'échapper, de me libérer et de rencontrer d'autres personnes.

Nous sommes vendredi et demain le stage se termine. Pour fêter la semaine, ou le départ, je ne sais pas au juste, nous décidons d'aller en boîte. Je suis aux anges, c'est la première fois que je vais passer la soirée non seulement dehors, mais en plus en boîte. Je laisse les filles continuer à gueuler contre l'organisation, moi je cours me préparer, je suis trop contente de sortir. Elles ne doivent pas manquer de sorties, elles. On leur dirait que ce soir elles vont faire leurs courses au supermarché du coin que cela ne leur ferait pas moins d'effet!

Je suis prête qu'elles sont toujours à râler, et c'est quand elles me voient qu'elles se réveillent enfin. L'une d'elles me dit :

– Eh bien, Samia, on le voit que tu as envie de sortir!

Je me réponds : « Si tu savais! »

Je n'ai pas envie de lui raconter ma vie, ni à elle, ni à une autre.

C'est le délire, cette soirée. Après la boîte, nous sommes parties nous balader au bord de la mer; elle est encore plus belle la nuit, surtout que là où nous nous trouvons, ce ne sont pas de grandes étendues de sable, mais de la roche. Nous restons assises à contempler la lune qui, de sa couleur jaune, éclaire les petites vagues qui parcourent la mer. Il est trop beau ce paysage, on croirait que les roches sont incrustées de diamants. Aucune de nous n'ose parler, nous ne voulons pas interrompre cet instant magique...

Nous sommes rentrées tout doucement, comme à regret...

Je termine mes bagages et rejoins les autres dans la salle en bas pour faire le bilan de cette semaine de stage. L'ambiance est lourde lorsque je rentre dans la salle. Tout le monde se tire la gueule, le groupe est à la limite de l'explosion. Je m'installe et l'animatrice commence à nous expliquer son topo :

– Vous savez que, le dernier jour du stage, chacun doit dire comment il s'est senti pendant toute cette semaine, le déroulement, l'organisation, et surtout, bien sûr, comment il s'est situé, de manière satisfaisante, moyenne ou insatisfaisante.

Une fille du groupe se lève pour dire :

– Non, mais vous nous prenez pour des débiles ou quoi ? Qu'est-ce que c'est que ça ? Vous croyez peut-être que l'on va vous dire qu'on a été insatisfaisants ou moyens ! C'est quoi ce délire, on se croirait à l'école !

Ça commence bien ! Mais c'est vrai que, moi aussi, je trouve un peu nul de choisir dans quelle case se situer. C'est comme si, à l'école, tu demandais à un élève, et à un cancre tant qu'à faire, de te dire qu'il est un âne ! C'est n'importe quoi !

L'animatrice reprend la parole :

– Puisque vous le prenez ainsi, on va

commencer tout de suite à faire le tour, afin de savoir où chacun se situe. Tu peux commencer, dit-elle d'un air pincé à celle qui vient d'exprimer son désaccord et qui s'appelle Corinne, nous t'écoutons!

Je ne la sens pas, cette animatrice, elle a l'air de se prendre pour ce qu'elle n'est pas. Corinne, bien sûr, dit qu'elle s'est trouvée satisfaisante et qu'elle n'en dira pas autant de l'organisme. L'autre n'est pas d'accord avec elle et lui colle la mention « moyen ». Il en est ainsi pour pratiquement tout le groupe, surtout mes copines du dortoir.

Vient mon tour :

– Et toi, Samia, tu peux nous dire où tu te situes?

Un instant, je suis tentée de lui dire que j'en ai rien à faire de me situer dans son stage, mais je me la ferme et joue le jeu. Je lui réponds d'un air décidé :

– Moi, mention « satisfaisant ».

– C'est donc la mention que tu t'attribues? me demande-t-elle.

Elle est con, celle-là, ou quoi? Je viens de lui dire! Elle croit pas que je vais lui répondre « moyen » et « insatisfaisnt ».

– Je ne suis pas d'accord, poursuit-elle. Tu ne mérites pas mieux que la mention « moyen »!

Elle m'énerve, j'ai les boules! Pour qui elle se prend celle-là pour me filer cette mention? Je lui renvoie :

– Ton avis, je n'en ai rien à faire, je sais que c'est ta mention qui sera inscrite, mais pour moi l'essentiel c'est ce que je pense. Et je me trouve même très satisfaisante!

Elle est vraiment trop nulle! Elle a de la

chance d'être en face de filles qui se contentent de contester, parce qu'ailleurs, ça fait longtemps qu'elle se serait pris une beigne.

Le tour se termine et la conclusion est que nous sommes en fin de compte des filles bien moyennes. Elle ne se demande pas pourquoi il y en a tant! L'animatrice nous dit que nous n'avons pas su nous adapter à une situation de changement et d'apprentissage. En fait, elle veut dire que, si t'ouvres trop ta gueule, on te la fait toujours fermer d'une manière ou d'une autre. Elle n'a pas supporté qu'on la conteste.

Enfin, cette séance se termine. J'en ai ras le bol, et ne veux plus discuter. Je pars attendre Marianne dans le parc, et je laisse les filles gueuler. À mon avis, ça ne sert plus à rien, elles ont leur mention et l'autre ne risque pas de changer d'avis.

Mais j'ai remarqué que ces filles aiment bien discuter. Souvent le soir, alors que je m'endormais, elles refaisaient le monde. Je n'ai jamais participé à ces discussions, je pense qu'elles ne servent à rien. Ces filles attendent peut-être quelque chose, mais je me demande bien quoi et pourquoi. Moi, ça fait un moment que je n'attends plus rien. Je ne pense pas qu'on pourra changer quoi que ce soit, il y aura toujours nous et les autres. Nous : ceux qui, comme moi, peuplent tous ces Paradis; les autres : ceux qui passent à côté sans même nous voir. Je ne crois pas que notre avis soit écouté, qu'il serve à quelque chose et qu'il soit utilisé pour changer ce qui ne va pas!... Mais je préfère me taire, ne pas dire aux filles ce que je pense, elles me trouveraient sans doute trop triste. Devant leur énergie à vouloir tout changer, ou plutôt à vouloir améliorer le monde, je passerais vraiment pour une rabat-joie et une vaincue. Alors que moi, je pense tout simplement que je suis réaliste et que le monde, je le vois tel qu'il est, sans me raconter des histoires. C'est vrai aussi que nous n'avons pas eu le même horizon.

Mais par instants, je les envie presque de croire aussi fort qu'elles peuvent changer toutes ces injustices par le simple fait d'y croire.

Je me dirige donc vers le parc, quand je croise Corinne qui, visiblement, est encore très en colère. Elle me dit :

– Tu as vu un peu cette conne ! Elle nous a saquées, ce n'est pas juste ! Je suis sûre que, si nous avions suivi comme des moutons, nous aurions toutes eu la mention « satisfaisant », pour nous féliciter justement d'avoir été de bons moutons !

Puis je la vois qui repère la voiture de l'animatrice, et, à l'aide d'un caillou, elle en raye tous les côtés avec nonchalance, comme si elle se promenait. Je n'en reviens pas qu'elle soit capable de faire un truc pareil, elle dont le père est architecte et la mère prof ! Elle se dirige ensuite vers le bureau, vide à cette heure. Elle tourne d'abord plusieurs fois autour en disant :

– Je m'en fous, mais je ne partirai pas d'ici avant d'avoir fait quelque chose. Qu'est-ce que je pourrais bien taper ?

Je suis à la porte à surveiller que personne ne vienne. J'entends la Corinne qui dit :

– Voilà, j'ai trouvé, Samia ! Je vais leur piquer leur tampon, comme ça ils pourront pas tamponner nos dossiers avec leurs mentions débiles ! Qu'est-ce que tu en penses ?

– Si tu veux, mais magne-toi qu'on se tire d'ici, je n'ai pas envie de me faire attraper !

J'ajoute :

– Il faut que je surveille quand Marianne arrive, elle vient exprès me chercher pour me ramener, alors je ne veux pas la faire attendre.

On décampe vite fait du bureau; même si le stage est fini pour moi, je ne veux pas d'embrouilles.

– Qui c'est cette Marianne? me demande Corinne.

– C'est la directrice de la maison de quartier où je fais mon stage d'animation le mercredi.

– Et tu crois qu'elle voudra bien me ramener avec toi en voiture? Je n'ai pas envie de prendre mon train toute seule.

Je lui réponds que, s'il y a de la place, pourquoi pas, mais qu'il faut le demander à Marianne.

Dans la voiture, Marianne nous demande de lui raconter notre semaine. Je n'ai pas le temps d'en placer une que déjà Corinne lui fit le rapport complet. Je pense qu'elle en fait trop, qu'elle aurait dû se taire, surtout que Marianne ne nous demande à aucun moment quelles sont nos mentions. C'est Corinne toute seule qui lui dit que tout le groupe, elle devrait dire le dortoir seulement, a eu la mention « moyen ». Je lui ai décoché un coup de pied pour lui dire de se la fermer, mais cela n'a pas d'effet sur elle; à peine si elle consent à ralentir son débit de parole. En désespoir de cause, je me cale à l'arrière et me tais. Ce n'est pas que je voulais mentir à Marianne, mais j'espérais qu'elle ne me demanderait rien.

Pour l'instant, elle se marre avec ce que lui

raconte Corinne. On va voir quand elle va passer au chapitre « tampon »... Et ça ne loupe pas! Trop contente de faire rire Marianne, la Corinne ne se maîtrise plus, et vas-y qu'elle entre dans les détails et de la voiture décorée et du tampon piqué. Le visage de Marianne change de couleur et, bien sûr, elle nous engueule :

– Mais vous êtes folles! Vous ne savez pas que c'est interdit de voler des tampons!

Je me coince un peu plus dans le fond et Corinne, que rien ne démonte, la ramène :

– Mais ce n'est rien, c'est juste un tampon.

– Non, c'est grave! Avec un tampon, on peut tamponner de faux documents... Et les faux, c'est interdit par la loi! Qu'est-ce qui vous a pris de faire ça? Même si cela ne s'est pas très bien passé, ce n'est pas une raison!

Elle a enfin compris, la Corinne; elle se tait!

– Donnez-moi ce tampon, je le renverrai par la poste dès demain... Et ne parlez de cette affaire à personne! Ce n'est pas la peine d'aller jouer les fanfaronnes, ça vous retomberait dessus. Ce n'est pas que la mention « moyen » qui vous guette, là!

Corinne sort le tampon de sa poche, le remet à Marianne. Moi j'ai les boules. Bonjour le retour!

Et si Marianne ne m'accepte plus à la maison de quartier? Si elle le raconte à madame Sallibert? J'ai tout gagné avec ces conneries! J'ai un peu honte d'avoir foiré; avec ce qu'elles ont fait toutes les deux pour moi, j'aurais dû mieux assurer.

Après avoir déposé Corinne, Marianne me ramène à la cité. On se salue et elle me dit :

– Allez, arrête de faire cette tête! J'ai crié un peu fort pour que ta copine se calme... c'est un numéro celle-là!

Elle m'embrasse et ajoute :

– À mercredi, Samia!

– À mercredi, Marianne, et merci!

– Ah! Te voilà enfin! C'est super, je t'attendais pour que tu me racontes comment s'est passée ta semaine!

Je prends le temps de souffler, de poser mon sac, de m'asseoir sur le lit et de raconter à Kathia ce que j'ai vécu. Je lui parle surtout de la sortie du dernier soir, la boîte, la plage et le style de filles que j'ai rencontré là-bas. Que je me suis éclatée, quoi! Kathia est avide de savoir. Je sens qu'à travers moi elle vit un peu une liberté par procuration; enfin une liberté entre parenthèses, car maintenant elle est terminée et il faut que je m'habitue à nouveau. Mais, pour l'instant, je suis encore dans l'euphorie de ce que je viens de vivre.

Puis, je demande à Kathia si des choses ont bougé au cours de cette fameuse semaine à la maison.

– Ce qui s'est passé la semaine dernière? reprend-elle. Je vais te raconter le coup de Foued et de son éducateur. Tu sais que, depuis qu'il a fait sa connerie, il a un éducateur qui s'occupe de savoir ce qu'il fait de ses journées et où il compte aller.

C'est vrai, je me souviens que le juge des

enfants, Foued étant mineur à l'époque, l'avait placé sous la surveillance d'un éducateur ; je l'ai vu une ou deux fois à la maison parlant avec Foued, essayant de faire la même chose avec la mother qui, bien sûr, n'avait rien compris – pourquoi cet homme venait poser des questions, partait et revenait plus tard avec les mêmes questions...

Apparemment, d'après ce que me raconte Kathia, ma mother n'a toujours pas compris le rôle d'un éducateur. Kathia reprend donc son histoire :

– Alors, imagine-toi dans le salon avec la mother, Cochise, Foued et son éducateur, Naïma et moi. Le Foued est en train de discuter avec son éducateur quand la mother dit, dans un français approximatif : « Hé, monsieur, pourquoi tu ne cherches pas un travail à mon fils ? » Si tu avais vu la tête de Foued à ce moment-là ! Avec Naïma, on s'est regardées et on est parties dans un fou rire délirant. L'éducateur, lui n'était pas sûr d'avoir bien compris, alors il a regardé Foued pour qu'il lui explique ce que venait de dire la mother. Mais le Foued, dans ses petits souliers il était. Il nous a regardées, Naïma et moi, et nous a vues écroulées de rire ; il s'est tourné vers la mother qui, elle, avec Cochise, commençait à trouver aussi que ça devenait rigolo... Elle a redemandé : « Pourquoi tu ne trouves pas un travail à mon fils ? Il fait rien ! Tout le temps il reste en bas avec les autres... » L'éducateur avait, je crois, enfin compris. Il allait lui répondre, lorsque Foued a dit : « Oh ! Maman ! Débranche-moi s'il te plaît ! laisse-nous discuter avec l'éducateur ! » Comme il a répondu en français, t'imagines que la mother n'a pas vraiment compris. Alors elle a essayé de répondre en français; c'était trop drôle : « Qu'est-ce que tu dis, mon fils? Débranche-moi! Mais quoi? qu'est-ce que c'est débranche-moi? » Alors là je te dis pas la crise de délire dans le salon! Même l'éducateur, il a éclaté de rire! Mais Foued, il faisait une gueule de trois mètres de long. Il s'est énervé et il a dit en répétant la phrase en arabe : « Débranche-moi, débranche-nous, comme tu veux, ça veut dire que tu nous laisses tranquilles avec tes questions! C'est un éducateur, lui, c'est pas une agence pour l'emploi. Il vient pas ici pour me dire que l'entreprise Machin cherche un ouvrier! T'as compris, maman? » Nous étions tous écroulés de rire. La mother ne peut que hocher la tête pour dire qu'elle a compris, elle se marre trop, elle aussi. L'éducateur, je suis sûre qu'il riait plus de nous voir nous éclater que pour autre chose. Du coup, il s'est levé pour partir et Foued l'a accompagné. Ils ont dû avoir leur conversation en bas de l'immeuble. Quand Foued est revenu, je ne te dis pas sa tête! Il est passé devant nous en colère, en nous ignorant, et s'est enfermé dans sa chambre où il a mis la musique à fond. Nous, nous étions toujours en train de rire. C'est bien simple, dès qu'il est entré avec sa gueule dans le salon, on a toutes les quatre ensemble explosé de rire. C'est trop bon ce genre de délire!

C'est par ces mots que Kathia termine son histoire. Je lui dis :

– Je regrette d'avoir loupé ce numéro, ce devait être génial!

Après ce compte rendu hilarant sur le dos de Foued, je rejoins Cochise et la mother dans leur cuisine :

– Alors, ta semaine? me demande ma

mother. Qu'est-ce que tu as appris là-bas pendant tout ce temps?

Je suis contente qu'elle me pose la question et qu'elle m'accueille ainsi. J'appréhendais un peu, en vérité, qu'elle me fasse la tête.

– Allez, raconte! reprend Cochise.

Je leur raconte la semaine, les différentes activités... J'en rajoute même, histoire que la mother sente que vraiment c'était une semaine de travail complète. Je passe sous silence la « rébellion », la sortie du dernier soir, ainsi que le tampon « emprunté » pendant quelques heures. Kathia entre dans la cuisine lorsque je dis :

– Tu sais, une semaine c'est court! Si vraiment on veut apprendre davantage eh bien il faut travailler!

La mother paraît contente, et Kathia de rajouter rapidement, et dans notre langue « S » pour que cela reste entre nous deux :

– Oh! Samia, tu ne crois pas que tu en fais un peu trop? Fais gaffe quand même!

Je réplique, vexée :

– Quoi! Qu'est-ce que tu racontes? Je lui fais aussi plaisir à la mother quand je lui raconte que c'était bien. Au moins, elle ne regrettera pas de m'avoir laissée partir!

– Oh! là! là! me répond Kathia, moi ce que j'en dis c'est pour toi, c'est tout! Ce n'est pas la peine de prendre la mouche comme ça, j'avais seulement envie de te brancher un peu pour plaisanter!

– Ça y est, vous recommencez à parler « tout mélangé » pour que je ne comprenne rien! C'est pour me cacher des choses que vous faites ça! Qu'est-ce que vous racontez? nous demande la mother, énervée.

– Rien! répond Kathia en soufflant, on ne te cache rien, seulement, des fois, entre nous, on parle en anglais. On te l'a déjà dit, maman, c'est pour s'exercer, c'est tout!

Elle n'y croit pas, la mother, aux « révisions de l'anglais », et bien sûr ça jette un froid dans la cuisine.

La musique venant de la chambre de Foued me donne envie de le rejoindre. Lorsque j'entre dans sa chambre, il me dit :

– Alors MLF, tu es de retour parmi nous?

– Qu'est-ce qui te prend de m'appeler comme ça?

– T'excite pas, MLF, ça m'est venu tout seul! Enfin, pas vraiment... c'est quand j'ai fouillé dans tes cartons...

Mon visage renfrogné et boudeur lui fait préciser :

– C'est toi qui m'as dit que je pouvais me servir si je voulais d'autres livres. J'ai trouvé ce que je voulais, mais ce qui m'a bien fait marrer, c'est tous tes bouquins de nanas! Elles sont toujours en lutte dans tes histoires, hein? MLF, c'est bien ça?

Il me fout les boules, celui-là! Heureusement que j'ai trouvé une autre planque pour mes écrits... Je n'ai pas confiance en Foued; ce n'est pas son entrée dans le club des lecteurs qui peut le rendre moins filou. Je m'apprête à sortir lorsqu'il ajoute :

– Arrête un peu de faire la tête, ce n'est pas méchant quand je t'appelle MLF! Mais c'est un peu vrai que tu montes toujours sur tes grands chevaux. La preuve, tu ne lis que des bouquins où les nanas sont comme toi, ou vice versa, à savoir que c'est toi qui veux devenir comme elles. C'est pas vrai ce que je dis, MLF?

Il se met à rire comme un tordu qu'il est, alors je me tire de sa chambre en lui disant :

– Je t'excuse, va, je sais que c'est ! Moi aussi j'ai bien rigolé avec le coup de l'éducateur que la mother a pris pour une ANPE.

Comme je m'y attendais, ma vacherie fait mouche ; le Foued s'arrête net de rigoler.

– Ça y est, le rapport a été fait ? N'empêche, je te dis pas la honte que je me suis prise !

D'une mine faussement compatissante, je lui réponds :

– Oui, je te comprends, Foued, ça devait être difficile pour toi !

– C'est ça, fous-toi de ma gueule maintenant ! Mais je suis O.K... On a fait match nul, on n'en parle plus, d'accord ?

Il prend alors ma main, la met à plat et tape dessus avec la sienne en disant :

– Yes ! Sister !

– Tu me la joues Kids Blacks Américains ?

– C'est comme ça qu'on se salue maintenant au Paradis, c'est nice ! Hein, Samia, qu'est-ce que tu en penses ?

– Oui, pourquoi pas ? C'est une question d'habitude, et c'est entre vous, les mecs, que vous faites ça ?

– Bien sûr, ente nous, les hommes... Tu as quelque chose contre, MLF ? me dit le Foued, un rien arrogant.

Je n'ai plus envie d'entendre ses conneries, alors je me tire pour de bon. Il me court après, prétextant une urgence :

– Attends, Samia, je voudrais te dire quelque chose...

Je continue mon chemin.

– C'est un secret que je veux te dire, Sam !

Kathia nous rejoint à ce moment-là. Foued la refoule en lui disant :

– Toi, tu dégages, va voir un peu ailleurs si j'y suis! Tu as vite fait le rapport, hein, espèce de moucharde!

J'arrive dans ma chambre, Foued s'apprête à y entrer quand Kathia lui balance :

– De l'air, ici c'est aussi chez moi, et tu ne rentres pas!

Le Foued a les boules et envoie avant de repartir :

– C'est le journal de vingt heures! Tout le Paradis va être au courant si je parle devant elle... alors, Samia, je te le dirai peut-être une prochaine fois, O.K. ?

– O.K., Foued!

Et avant que je puisse ajouter quelque chose d'autre, on entend gueuler :

– La commère du Paradis t'emmerde!

– C'est ça, c'est ça! répond Foued. Salut à vous, les sisters révolutionnaires, à votre future révolution! Faites-moi signe avant, que j'aie le temps de me tirer...

– Oui, brother Foued, on t'avertira le dernier, pour être sûres que tu t'en prennes plein la tête! Salut à toi, brother Foued...

– Samia! C'est pour toi le téléphone! me crie Kathia.

Je lui demande :

– Qui c'est? en prenant le combiné à la main.

– Je crois que c'est ta copine du stage.

Corinne? Je suis contente, ça fait maintenant plus de trois semaines que je suis revenue et je ne m'attendais plus à son coup de fil.

– Allô! Corinne, c'est toi?

– Salut, Samia, comment tu vas?

– Couci-couça, rien de spécial, on fait tirer, quoi!

– Eh bien, écoute-moi, ma petite Samia : samedi après-midi tu vas tirer jusque chez moi! Mes parents s'en vont pour le week-end et j'ai la baraque pour moi toute seule...

– Oh! là! là! C'est super ce qui t'arrive, Corinne...

– Attends, ne me coupe pas, tu vas voir un peu la suite. Je fais une bringue qui commence vers les quatre heures de l'après-midi jusqu'au lendemain matin! C'est pas génial ça? Et tu vas venir, je t'invite!

Je n'ai pas envie de lui raconter que je n'ai pas le droit de sortir après six heures le soir, et que sa fête je ne pourrai y participer que pendant deux heures.

– Oh! Tu me réponds, Samia? Tu peux amener ton mec si tu veux, ça ne me dérange pas!

Elle rêve, cette Corinne! On n'habite pas la même planète!

Je m'entends lui répondre :

– Non, ce n'est pas ça, si je viens ce sera avec ma sœur.

– Bon, bon, O.K.! me dit Corinne, visiblement speedée tout d'un coup, tu fais comme tu sens!

– Corinne, je ne t'ai pas dit, mais samedi, je ne pourrai pas rester. Ce jour-là il y a chez nous une fête importante, une coutume quoi, et le soir, je dois être chez moi, il y a de la famille qui vient!

– Oh! Merde! Ce n'est pas de chance ça, juste le jour de ma fête... Et tu es obligée d'y être?

– Ben oui! Chez nous, ce jour-là, c'est comme votre Noël!

Je raconte n'importe quoi. Je sais que cette fête a lieu un jour dans l'année, mais je ne sais jamais lequel.

– Bon, écoute, Samia, là je suis speed, j'ai plein de coups de fil à donner pour inviter tous mes potes; et tu t'imagines bien que je profite que mes parents ne soient pas là pour appeler tout le monde! Gros bisous, Samia, et fais comme tu peux!

– Salut, Corinne!

Je raccroche et j'en ai gros sur le cœur. Pour une fois que je suis invitée à une bringue, je ne peux y aller que pendant deux heures. Il vaut mieux que je n'y aille pas du tout, sinon ça va me filer un de ces blues!

Kathia ne peut s'empêcher de me demander ce que voulait la « copine du stage ».

– Elle m'invite à une fête samedi. Ça commence à quatre heures et ça dure jusqu'au lendemain matin, t'imagines un peu le délire que ça va être?

– Oui, j'imagine! Mais ça va rester dans l'imagination; en ce moment, je ne pense pas qu'on puisse demander une autorisation pour sortir.

– Oui, je sais et ça m'énerve. Pour une fois que je suis invitée à une bringue...

– Personne ne te demande ni ton avis ni d'être d'accord! me dit Kathia, ironique.

Nous sommes sur le lit en train de discuter, lorsque Malik entrouvre la porte.

– Salut, les petites sœurs, ça va?

Nous répondons en chœur :

– Salut, Malik!

Et j'ajoute :

– On fait aller, grand frère, on fait aller!

– Et qu'est-ce qui t'amène? demande Kathia.

– Je dois voir maman pour lui parler de quelque chose!

– Importante, la chose, Malik?

– Oui, assez!

– Eh bien dis-la ta chose, qu'est-ce que tu attends? lui répond Kathia.

– C'est à maman que je dois le dire, pas à vous!

J'ajoute :

– Laisse tomber, Kathia! Ça doit être encore des histoires qui vont mettre le Why à la maison, c'est pas vrai, Malik?

En guise de réponse, il me fait un sourire, tire la porte vers lui et s'en va rejoindre la mother et Cochise dans leur quartier général. Sitôt que la porte de notre chambre claque, sans nous consulter, nous avons le même réflexe, nous planter devant la porte du fameux QG pour écourter la « chose » que Malik rapporte de l'extérieur. Le bruit d'une autre porte qui se ferme nous fait comprendre que nous avons raison de penser que la « chose » à dire est vraiment importante. À chaque fois qu'une porte se ferme dans cette maison, c'est pour mettre le Why, et c'est pour ça que j'essaie d'entendre ce qui se dit, tandis qu'une angoisse sourde, qui m'avait oubliée depuis une semaine, me monte à la gorge. D'autant plus que nous entendons la mother dire avec colère :

– Non! Je n'irai pas...

Puis nous entendons l'eau couler, elle couvre la réponse qui, je crois, vient de Malik. Par le trou de la serrure, je vois que c'est la mother qui a ouvert le robinet, elle reste devant à contempler l'eau s'écouler. Kathia regarde à son tour; quand elle voit la mother, elle dit :

– Je ne sais toujours pas ce que lui a dit Malik, mais on dirait que la mother disjoncte!

C'est le moment que choisit Foued pour rappliquer et nous balancer :

– Tiens, tiens, les sisters espionnent maintenant !

– Chut ! Tais-toi ! Imbécile, on essaie de savoir ce qui se dit là-dedans, et je te dis pas comme ça craint...

On entend alors :

– Non ! Non ! Mon fils, je ne viendrai pas ! Ce n'est pas à moi à faire le premier pas ! crie la mother, en colère.

– Mais c'est elle, maman, qui le fait ce premier pas ! C'est elle qui m'envoie !

La mother demande alors à sa frangine :

– Qu'est-ce que tu en penses toi, ma sœur ? Tu n'as rien dit depuis tout à l'heure.

De la réponse de Cochise on entend juste :

– C'est ta fille...

À ce moment-là, la porte d'entrée s'ouvre, et la trouille que ce soit le father ou le KGB qui nous trouve accroupies devant la porte nous fait nous lever et courir à toute allure pour nous planquer dans la chambre la plus proche. C'est Naïma, entrant dans la pièce, qui nous fait comprendre notre erreur.

– Qu'est-ce que vous faites ici ? nous demande-t-elle.

Pour ne pas rater la suite de l'histoire qui se déroule au quartier général, on file se planter à nouveau devant la porte. Pendant que ce filou de Foued va fermer les verrous de la porte d'entrée. Kathia raconte ce qui se passe à Naïma, mais je suis obligée de leur dire de s'éloigner, il me semble maintenant que la mother est en train de pleurer. Entre ses larmes elle arrive à dire :

– J'ai trop pleuré, mon fils, et regarde mes

larmes qui te disent que mon cœur souffre encore beaucoup trop!

Dans la pièce c'est le silence complet, ambiance lourde; ils doivent étouffer.

Elle continue :

– Ma fille que j'ai portée dans mon ventre m'a fait trop de mal. Moi, sa mère, elle n'a jamais pensé à moi, sinon elle n'aurait pas pu laisser son cœur avoir si mal et les larmes me manger de douleur!

Quand elle s'y met la mother, elle y va fort. J'ai presque les larmes qui coulent. On se regarde, avec Foued, et il n'est pas plus frais que moi.

– Qu'est-ce que vous avez? nous demande Kathia, vous en faites une tête!

C'est Foued qui répond, moi, je ne peux pas. Je donne même ma place à Kathia. Arrivée à ce stade, je ne supporte plus! Kathia prend la position d'écoute, pendant que Foued, faussement crâneur, lance :

– C'est la séquence : Drame, Douleur et Tristesse! D.D.T., tu piges, grande sister?

Avec Naïma, on part dans la chambre. Ce n'est plus la peine de chercher à savoir. Je dis même à Naïma que je regrette d'avoir collé mon oreille à la porte pour entendre tout ça. Elle me répond :

– D'une manière ou d'une autre, on l'aurait su...

– Oui, mais je n'aurais pas entendu ce que vient de dire la mother, tu comprends? Cela ne m'aurait pas fait le même effet, j'en suis sûre, si je l'avais su après!

Je ne sais pas quand le rendez-vous qui doit réunir la mother et Amel a été pris, mais j'ai hâte qu'il ait lieu, et le plus rapidement possible! Heureusement, Cochise est avec nous; il faut voir dans quel état est la mother! C'est une véritable tempête, elle est comme assise sur une pile! Cochise a beau dire, pour nous rassurer : « C'est les nerfs, mes filles, ne vous inquiétez pas! », cela a pour effet de m'énerver encore plus. Je suis sûre que chacun rumine dans son coin, les nerfs à fleur de peau. Et, quand elle est comme ça, la mother, c'est le ménage qui la soigne. Elle n'arrête pas du matin au soir. Elle lave tout, du sol au plafond, et nous, on est obligées de suivre le mouvement; sinon c'est nous qu'elle a envie de « nettoyer »; avec le KGB comme épée de Damoclès pour nous faire comprendre qu'on n'a pas d'autre choix que de laver avec elle. J'en peux plus de cette ambiance. J'en arrive presque à en vouloir à Amel d'être revenue contacter la mother. Même si cette pensée me culpabilise, je ne peux m'empêcher d'avoir un peu de colère envers elle.

Foued, lui, a la pêche; il peut : il ne se tape pas un millième du nettoyage! Si on lui demandait la définition du mot ménage, il inscrirait en face un point d'interrogation. Mais il nous fait rire, et ce n'est pas de trop dans cette atmosphère « nucléaire », comme il a si bien dit. Il fait de l'esprit en ce moment, le Foued!

La rencontre a eu lieu chez Malik, mais nous, les filles, ainsi que Foued, nous l'avons su, ou plutôt deviné, en voyant ma mother entrer, un mouchoir à la main pour retenir ses larmes, et Cochise qui essayait de la consoler.

Je pense qu'ils n'ont pas voulu nous mettre au courant de peur que nous fassions une gaffe : la mother n'a pas averti le KGB, et encore moins le father. Donc, c'était rencontre secrète dans le D.D.T. (Drame, Douleur et Tristesse).

Il suffit de regarder la mother pour s'apercevoir que ça ne s'est pas très bien passé, elle est toujours dans sa crise, et nous avec, emportées dans sa tourmente. Et le blues, qui petit à petit regagne du terrain dans ma tête.

J'attends que ça se passe, je n'ai plus que cette solution maintenant pour éviter de me pourrir la tête, et j'attends avec impatience les vacances de Pâques pour retourner à la maison du quartier.

Donc, lors des « retrouvailles » chez Malik, Amel a annoncé à ma mother son intention de se marier. Il paraît que ma mother s'est mise à pleurer et qu'elle n'a plus parlé après cette nouvelle. Ni embrassades au début pour se saluer, ni à la fin, et, pendant toute la rencontre, Amel et la mother sont restées l'une en face de l'autre avec pour seul langage celui du regard et le poids du silence. L'annonce fatidique ayant été faite, il n'y avait plus rien à ajouter. Les larmes de ma mother signifiaient que c'était dans la douleur qu'elle entendait ce que lui annonçait Amel, que maintenant c'était vraiment fini, que la situation était irréversible puisqu'elle allait s'unir à un autre, et qu'ainsi elle n'appartiendrait plus à notre famille.

Voilà comment elles se sont retrouvées, quittées et perdues dans le même laps de temps...

Nous sommes le samedi après-midi tant attendu ! Avec Kathia, on se prépare à sortir et, bien que la fête démarre à quatre heures, on est dehors dès le début de l'après-midi. Deux heures de liberté, c'est important pour nous. En attendant d'aller chez Corinne, nous allons nous promener en ville; Naïma sort en même temps que nous, mais elle s'en va rapidement de son côté sans dire un mot. Nous lui rappelons d'être à l'heure pour qu'on nous voie rentrer toutes les trois ensemble au Paradis. Les premières qui arrivent attendent l'autre, comme ça, s'il y en a une qui est en retard, nous partageons l'angoisse de nous faire jeter. Naïma ne nous a rien dit de ses rendez-vous et on ne lui a rien demandé. Mais c'est bien parce qu'elle reste si secrète qu'on en a déduit que c'est sûrement pas seule ou avec une copine qu'elle passe ses après-midi. Samira, elle, a décidé, quelles que soient les conséquences, de ne pas descendre au Paradis. « J'ai prévu autre chose! », a-t-elle répondu au téléphone quand Naïma lui a dit que la mother voulait qu'elle rentre ce week-end. Elle n'a pas cédé et elle a bien fait. De toute façon, la mother a pris l'habitude de ne pas la voir souvent : « Ce sont les études qui retiennent ma fille », dit-elle avec fierté. Mais Amel, avec son rendez-vous pour « mettre les choses au point », a chamboulé l'équilibre et a plongé la mother dans un état de crise qui n'est pas près de cesser.

Lorsque nous arrivons chez Corinne, c'est sans surprise qu'on s'aperçoit qu'on est les premières. Tu parles, les autres n'ont pas besoin de se presser, ils savent qu'ils vont y passer la nuit. Il n'y a que des nulles comme nous pour arriver à l'heure dite et repartir quand la fête commence.

Corinne est tout excitée de savoir qu'elle va passer toute une nuit à faire la fête. Je comprends son excitation et crève d'envie de la partager.

Les deux heures passent à une allure de folie et on se retrouve déjà à embrasser Corinne pour lui dire au revoir. En nous saluant, elle me dit :

– Oh! Samia! C'est vraiment dommage que tu ne puisses pas rester, on va s'éclater...

Kathia balance :

– Ça, on s'en doute!

Qu'est-ce qui lui prend de répondre sur ce ton? Mais Corinne continue :

– Ils ne sont pas cool, tes parents, de t'obliger à rentrer pour ce « Noël arabe », c'est ça que tu m'as dit?

Je vois Kathia me regarter bizarrement, mais elle ne dit rien. Corinne ajoute :

– Écoute, Samia : tu téléphones à tes parents et tu leur expliques la situation, quitte à rentrer vers les dix heures, au moins tu auras passé un moment avec nous. Il y a aussi les autres filles du stage qui viennent ce soir!

Et elle me pousse vers le téléphone.

– Non, non, Corinne! J'ai donné ma parole à ma mère de rentrer pour l'aider!

Kathia me fixe toujours avec étonnement; j'évite son regard.

– Bon, Corinne, je te remercie quand même, mais il faut vraiment que l'on y aille. La prochaine fois, on se débrouilera mieux, O.K.?

– O.K.! Samia! J'espère que l'on se verra avant ma prochaine bringue. De toute façon, je t'appelle la semaine prochaine pour que l'on se voie au troquet où je vais après les cours! Allez salut, ma petite Samia. Au revoir, Kathia!

Kathia répond à son salut du bout des lèvres;

elle n'est pas à l'aise aujourd'hui. Sitôt dans la rue, elle m'explique :

– Elle fait trop de manières quand elle parle, ta copine du stage, et je n'aime pas le genre qu'elle a !

– D'abord, elle s'appelle Corinne, et je vois pas de quel genre tu veux parler !

– Sûr que tu ne le vois pas, me répond Kathia, tu as le même depuis que tu la connais. Je te regardais, tout à l'heure, et je te voyais faire plein de chichis pour parler, comme elle !

– N'importe quoi ! Qu'est-ce qui te prend de me brancher comme ça, hein ? T'as mal où, aujourd'hui ?

Agressive, Kathia me dit :

– Je n'ai mal nulle part, je n'aime pas ta copine et ta façon d'être quand elle est là, c'est tout. Et puis c'est quoi, cette histoire de « Noël arabe » ?

Pendant que Kathia continue de parler, j'éclate de rire. Heureusement sa crise n'est pas grave et elle se met à rigoler avec moi, alors dans un sourire elle ajoute :

– C'est la première fois que j'entends qu'il existe chez nous un « Noël arabe », et c'est ce soir qu'on le fête ? Merci de me mettre au courant ! Et puis je te le dis : la Naïma n'a pas intérêt à arriver en retard, avec l'ambiance qu'il y a en ce moment, tu vas voir le « Noël » que risque de nous préparer le KGB !

Nous pressons alors le rythme. Pendant le trajet, Kathia revient sur Corinne et me demande pourquoi j'ai inventé cette histoire de « Noël arabe ». Je lui réponds :

– Je n'ai pas envie de raconter ma vie, et puis ça ne doit pas être marrant pour les autres d'avoir une copine à qui tout est interdit ! Comment tu veux te faire des amies si tu leur racontes que toi, tu n'as le droit de rien faire ? Il faut se mettre à leur place, au bout d'un moment, elles vont avec ceux qui leur ressemblent !

Kathia me dit, perplexe :

– Des fois, je me demande où tu vas chercher tout ça. C'est vrai, franchement ! Et qu'est-ce que tu vas lui raconter la prochaine fois, à ta Corinne, quand elle t'invitera ? Les « Pâques arabes » ? Tu peux essayer, comme elle ne doit rien capter à tout ça !

Je ris et lui réponds :

– Eh bien, je n'en sais rien, moi, je raconterai que j'ai beaucoup de boulot. Je trouverai bien... Mais de toute façon, j'ai bien l'intention de monter un plan pour aller à sa prochaine bringue.

Mes vacances de Pâques se passent bien. Même si j'ai craint, vu l'état de crise de la mother, que « mon futur métier » ne soit remis en cause.

Mais je crois que la mother commence à être fatiguée de lutter pour ses principes. Elle doit se rendre compte petit à petit que, malgré la douleur que ça lui cause, nous n'avons pas les mêmes principes de vie. C'est comme si nous ne parlions pas le même langage, la langue arabe qu'elle nous a apprise ne suffit pas à nous rapprocher, il y a eu des interférences...

Je la sens très mal, très fatiguée, la mother, comme usée, dépassée, et c'est dur de savoir que la seule façon de la faire à nouveau sourire serait de répondre dans la même langue qu'elle, avec les mêmes codes. Mais je sais que si je fais ça, c'est moi que je vais user alors que je me sens déjà si fatiguée par sa douleur, culpabilisée par sa tristesse. Comment faire lorsqu'on se trouve partagée entre la douleur de celle que l'on aime plus que tout au monde et son désir de mener ses envies, ses choix, à terme? La seule solution est de partir et le départ, malheureusement, ne peut se faire que dans la souffrance de l'une et de l'autre.

Qui choisir : ma mère ou moi ? Sa vie qui est faite, ou la mienne qui est encore à faire ? Je sais quel sera mon choix, mais j'ai peur, malgré la joie d'une liberté enfin trouvée, qu'elle me laisse dans la bouche comme un goût amer.

Je me souviendrai longtemps de ces vacances de Pâques, où pratiquement tous les soirs je retrouve Corinne dans son troquet, entourée de tous ses copains. Certains soirs, j'arrive à y rester jusqu'à dix-neuf heures, prétextant auprès de ma mother que beaucoup de mères indignes oublient leurs enfants au foyer et que je ne peux pas les laisser seuls, que je suis responsable d'eux. Ma mother, au début, a été effrayée qu'une mère puisse oublier ses enfants, elle m'a dit :

– Je ne comprends pas ces femmes! Une mère n'a que ça à penser, à ses enfants, du matin au soir ils doivent être là dans sa tête!

Associant le geste à la parole, elle s'est tapé son front avec son doigt.

Cochise a hoché la tête devant les justes paroles de sa frangine, et moi, j'étais partagée entre l'envie de rire et celle d'afficher une mine sérieuse, vu le sujet abordé.

Mais ce soir, lorsque je rentre, Kathia m'attend. Elle me coince juste devant la porte d'entrée et me souffle doucement :

– Écoute, Samia, je crois qu'il est temps d'avertir tes mères indignes qu'elles oublient trop souvent leurs gamins au foyer!

– Pourquoi tu me dis ça, il y a embrouille ?

Kathia me répond, un rien irritée :

– Déjà, la mother a du mal à comprendre qu'une mère puisse oublier ses enfants, mais si elles exagèrent tous les jours un peu plus, il est normal qu'elle se pose des questions! Tu ne crois pas?

Vexée, je lui réponds :

– Oh! Je n'ai pas envie qu'on me prenne la tête! Je ne lui ai jamais dit que tous les soirs c'était la même. Sur soixante gamins et sur quinze jours, il y a de la marge!

Étonnée, Kathia lance :

– Moi, ce que j'en dis c'est pour toi! Mais je t'avertis que je l'ai entendue râler; tu ne vois pas qu'elle demande au KGB d'aller vérifier l'histoire de ces « mères indignes »!

Au nom du KGB, mon cœur se met à trembler; j'avais presque oublié qu'il existait, celui-là! Il n'arrête pas de faire des allers retours entre le Paradis et sa nouvelle nana. Je croise les doigts et supplie qu'elle le retienne un maximum. Quand il vient, il ne peut pas s'empêcher de rester avec la mother dans son QG, pour sonder si on marche toujours droit, ou si l'idée nous serait venue d'emprunter la route de droite ou de gauche. Je suis dans mes pensées d'angoisse lorsque j'entends Kathia qui me dit :

– Oh! Tu t'es barrée où? J'ai une idée : vu que ces derniers temps tu as eu affaire à beaucoup de « mères indignes », il faut que tu dises, pour calmer un peu le jeu, que maintenant c'est la DDASS qui s'occupe de ces enfants!

Je réponds :

– Tu délires ou quoi, la mother ne sait même pas ce que ça veut dire!

– Ce n'est pas compliqué de lui expliquer que c'est comme des orphelinats... Tu verras, dès que tu diras ce mot, la mother et Cochise auront presque les larmes aux yeux pour tous ces pauvres enfants abandonnés et la mother ne pensera plus à râler! Fais gaffe, Samia, tu risques de te griller pour les vacances de cet été si tu continues comme ça!

– O.K.! Je vais faire comme tu as dit!

Kathia bombe le torse, lève la tête avec fierté en disant :

– Eh oui! Heureusement que je suis là, parce que je veux pas dire, mais tu commençais à être mal barrée!

Je me rends directement au quartier général; sitôt rentrée, je m'asseois et dis :

– Ouf! Ce soir j'en ai eu vraiment marre, alors j'ai appelé la directrice pour qu'elle s'occupe des enfants.

Ma mother me regarde de biais, elle se demande ce que je vais bien pouvoir lui raconter. Elle ne dit pas un mot, rien. Je continue, en regardant alternativement Cochise et la mother; j'essaie de paraître naturelle.

– La directrice est donc arrivée, elle a appelé la police, qui est venue chercher les enfants et les a emmenés dans un centre pour passer la nuit.

Kathia avait raison, elles sont toutes les deux scandalisées par l'attitude de cette mère qui a pu oublier ses enfants. Cochise me demande :

– Et c'est fini? Ils ne retourneront plus chez leur maman?

– Je n'en sais rien, moi! Il va y avoir d'abord une enquête pour voir si ces enfants sont plus heureux avec leur mère ou au foyer.

Et ma mother de répondre :

– Comment un enfant peut-il être heureux loin de sa mère? Ce n'est pas possible! Et c'est pareil pour la mère! Il y a des choses que je comprendrai jamais!

Je sens que le sujet commence à virer un peu trop dans le tragique. Je crains d'autres questions, alors je me lève, feignant la fatigue d'une journée déjà bien remplie, et trop allongée par cette « mère indigne ».

– Bon, je vais me reposer un peu, à tout à l'heure!

Je sors du QG et tombe sur Kathia, qui, bien sûr, a écouté toute la conversation.

– Chapeau! me dit-elle. Au niveau de l'improvisation, tu assures vraiment!

– Allez, arrête, Kathia! Débranche-moi, je suis vraiment fatiguée!

– Oh! Chochotte! Je te signale que tu n'es plus en représentation devant la mother et Cochise, alors, vas-y, laisse-toi aller!

Elle m'énerve, Kathia. En ce moment, elle commente tout ce que je fais, et moi, ce soir, je dois penser à trouver un nouveau plan pour sortir samedi soir avec Corinne. Elle va à une bringue, la dernière avant de passer ses examens, m'a-t-elle dit, et moi, cette fois, je veux absolument y aller. Je dis à Kathia :

– Écoute, Kathia, laisse-moi tranquille, s'il te plaît, je dois réfléchir à quelque chose! Alors tu me laisses souffler! O.K. ?

Elle le prend mal, se braque et me lance :

– Tu veux dire qu'il faut que je me casse, c'est ça? Tu me demanderas de te rendre service la prochaine fois! Je le vois bien depuis que tu fréquentes cette Corinne, tu n'es plus pareille. Excuse-moi de te le dire, mais tu deviens comme elle, une Nulle!

Le combiné serré dans ma main, je compte les sonneries qui défilent au téléphone, quand je reconnais la voix de Naïma.

– Allô! Oui?

– Allô! Naïma! C'est Samia à l'appareil!

– Mais qu'est-ce que tu fous? Tu as vu l'heure qu'il est? La mother n'arrête pas de gueuler depuis tout à l'heure!

– Attends, Naïma, écoute-moi, tu dis à la mother que pour ce soir, j'ai trouvé un enfant à garder...

Naïma me coupe :

– Tu es gonflée, Samia! Tu sais très bien que la mother va gueuler... Et puis tu n'as qu'à faire tes commissions toi-même!

– Allez! Naïma! Sois sympa, rends-moi ce service, j'ai trop envie de sortir ce soir!

Elle se radoucit :

– Ce n'est pas ça, mais tu connais la chanson, ils ne veulent pas que l'on sorte le soir. Et t'imagines si le KGB se ramène! Tu vas voir un peu la fête qu'il va te faire! Et puis tu fais tes plans de ton côté et c'est à nous de raconter tes conneries...

– Je ne rentrerai pas tard, je te le promets, vers onze heures, ça va comme ça?

– Mais Sam, je m'en fous, moi, de l'heure à laquelle tu vas rentrer, mais je crains pour toi, c'est tout. Bon, écoute, je raccroche, je vais faire ce que je peux! Salut et essaie d'en profiter un maximum!

– Merci, Naïma, t'assures vraiment, je te revaudrai ça! Mais je peux te demander une dernière chose? Fais en sorte que les verrous restent ouverts! Merci et salut!

Je rejoins en courant Corinne dans sa chambre. Elle pousse un cri de joie lorsque je lui dis que c'est dans la poche pour ce soir, que ma sœur est O.K. pour me remplacer et garder le gosse.

Il faut que je fasse attention quand même avec toutes ces histoires que je raconte, des fois je ne sais plus trop où j'en suis, mais je le fais par obligation, c'est pour moi une échappatoire, au même titre que les histoires que je me raconte le soir avant de m'endormir.

Je me suis toujours imaginé que ce serait super et j'avais raison. Géant, le délire! Avec du monde partout et dans toutes les pièces... C'est trop chouette des parents qui prennent des vacances!

Au départ, je ne danse pas, je n'ose pas et puis je préfère les regarder tous, dans la musique et le rire. C'est Corinne qui vient me chercher pour danser. J'ai du mal, j'ai l'impression qu'ils sont tous à me regarder, et qu'ils se disent que ça se voit que pour moi c'est ma première fête du soir. J'essaie de prendre l'air le plus dégagé possible, un peu le « genre » Corinne, comme dirait Kathia. Je suis bien, si bien que je ne veux pas me souvenir que j'ai dit à Naïma que je rentrerais vers les onze heures. Je m'en fous, j'ai le sentiment que rien ne peut m'arriver de bien grave. Je me remplis de musique, de danse, avec pour carburant la pensée que je ne sais pas avant combien de temps je pourrai recommencer. C'est trop bon d'être enfin bien!

Il est environ trois heures lorsque Corinne et son copain me raccompagnent devant l'entrée du Paradis. Dans l'ascenseur, le flip commence à me monter à la gorge, j'hésite un instant à sortir en me disant que ce serait le moment pour moi de partir, de quitter le Paradis. Mais pour aller où? Chez Corinne? Non, il vaut mieux que je rentre.

Je sors enfin de l'ascenseur et m'approche de la porte. Je bloque devant elle. Ça y est, j'ai peur. Mon cœur s'emballe, je n'arriverai jamais à entrer. Puis, je me souviens que Naïma a peut-être laissé les verrous ouverts – je n'ai pas les clés de ces verrous; je tends la main vers la porte, puis brusquement je m'arrête : « Et si elle n'a pas pu le faire ?

C'est un mauvais délire que je passe en ce moment. Je n'arrive toujours pas à me décider, dès que j'avance la main sur la poignée, elle s'arrête toute seule, paralysée par la peur.

Mais comment je vais faire ? Je ne vais pas passer la nuit devant cette porte ! Ma main tremble, là, dans le vide entre la poignée et mon cœur qui s'emballe de plus belle. Qu'est-ce que je vais faire ? Je serre les dents, je flippe et, pour finir le tableau, les larmes se pointent tellement j'ai la trouille de la raclée que je vais me prendre ! La lumière s'éteint, et je me retrouve dans le noir avec mon angoisse qui m'oppresse encore plus. Je m'oblige à bouger pour appuyer sur l'interrupteur, et dans la foulée j'actionne la poignée.

Ah ! L'horreur ! La porte est fermée ! Je pleure et je tremble pendant que j'appuie sur la sonnette pour que l'on vienne m'ouvrir.

Tout se bouscule dans ma tête : « Va-t'en, Samia ! Casse-toi, tu vas morfler ! » Mais je n'arrive plus à bouger, je suis paralysée.

La porte s'ouvre et je vois le father. J'attendais plutôt le KGB, mais dans le genre, je ne suis pas plus gâtée. Il se pousse afin de me laisser passer. J'essaie de me dépêcher pour courir vite dans la chambre, mais lorsque j'arrive dans le salon, je vois la mother et Cochise éveillées, sans doute à m'attendre.

Je m'arrête net devant elles, interdite. À ce moment-là, je sens le souffle de la colère qui arrive derrière moi. J'ai juste le temps de me pousser sur le côté et d'esquiver le coup de poing qui devait s'abattre sur ma petite gueule. Le father atterrit au milieu du salon, le visage empli de fureur de n'avoir pas atteint son but. Je me rends compte avec soulagement que le KGB n'est pas là ce soir. Il serait déjà sur moi.

Je me dis qu'il faut absolument que je regagne ma chambre pour m'enfermer, mais le problème c'est que pour le faire, je suis obligée de traverser le salon où le father est en train de se relever et s'apprête encore à me foncer dessus. Les deux frangines sont toujours assises sur le canapé et n'ont pas l'intention de bouger.

Alors, je regarde derrière moi vers la porte d'entrée. Je me tourne et cours vers la sortie. Non ! Ce soir, je ne veux pas m'en prendre une, je préfère me casser !

J'arrive à la porte, je sens que le father n'est pas loin derrière, j'ouvre les verrous à toute vitesse et me retrouve dans le couloir de l'immeuble. Il ne s'y attendait pas, le father, et il est le premier à s'arrêter. Alors je me retourne, je ne sais pas ce qui me prend, je me mets à gueuler :

– Mais j'en ai marre, moi, de cette baraque où je ne peux rien faire, j'en ai marre de cette vie de con !

Je bouge la tête dans tous les sens, je pleure, je tremble et ne peux m'arrêter de crier :

– Je suis quoi, moi ? Une extraterrestre qui n'a pas le droit de vivre comme les autres ! J'en ai marre, j'en ai marre, marre, marre, de vivre ici ! C'est trop le Why cette vie !

Et je me mets à pleurer fort, sans pouvoir m'arrêter, en répétant :

– Je ne peux plus, je ne peux plus supporter cette angoisse qui me mange, ce n'est pas ça la vie!

Je lève la tête pour regarder mon father et lui crier encore :

– Ce n'est pas comme ça que je veux vivre! Il n'est plus seul sur le pas de la porte, les deux frangines l'ont rejoint et je lis sur leur visage qu'ils me prennent pour une folle juste bonne à être enfermée. Ma colère se déchaîne à nouveau devant tant d'incompréhension. Je gueule encore :

– Non! Non! Vous m'entendez, je ne veux pas vivre comme ça!

Puis je regarde Cochise et ma mother et ajoute :

– Je ne veux pas vivre comme vous! Vous avez compris?

Mais le pire, c'est que je sais qu'aucun des trois ne comprend rien et ne pourra jamais comprendre ce que je raconte.

J'entends les voisins qui bougent, dérangés par ma crise de nerfs. Je m'en fous, tout m'est égal. Foued, Naïma et Kathia sont là aussi derrière les parents. Tu parles, avec le boxon que je fais depuis un moment! Eh bien, c'est très bien ainsi, comme ça tout le monde assiste au spectacle. Je n'arrive toujours pas à me calmer. Je pleure de rage et de peur lorsque j'entends Cochise qui me dit doucement :

– Calme-toi, maintenant Samia.

Elle s'approche, je me recule. Je veux que personne ne me touche, même avec des caresses; je ne veux plus rien, sinon la paix, qu'on me laisse tranquille, Cochise avance toujours, alors je me remets à crier :

– Laissez-moi! Laissez-moi tranquille, ce n'est pas compliqué ce que je demande à la fin!

Cochise me dit :

– Viens avec moi, Samia.

– Non ! Je ne viens avec personne. Dès qu'on va rentrer, il va me frapper !

Et je montre du doigt le father.

– Mais je suis là, moi, je te protège, il ne te touchera pas !

– Tu parles ! Il s'en fout, lui ! Je n'ai pas confiance, laisse-moi !

Je me mets à rire alors très fort.

– Ça me fait rire, moi, quand j'entends dire que dehors les gens sont racistes ! Et vous ? Qu'est-ce que vous êtes ?

Et je regarde le father en criant :

– Mais vous êtes comme eux ! C'est du pareil au même tout ça, ceux de l'extérieur et vous, vous êtes exactement pareils : tous des racistes. Vous vous détestez mais vous pouvez vous serrer la main ! Ce que vous ne supportez pas chez les autres, c'est vous-mêmes. Je suis entourée de racistes, dehors, dedans, et j'en ai marre de vous tous ! Vous avez pigé ça ? Non ! Vous ne pouvez pas ! C'est trop vous demander !

Je pleure de plus belle. Je me laisse approcher par Cochise, qui m'emmène avec elle. Je tremble lorsque nous passons près du father, mais ni lui ni la mother ne bougent. Ils me laissent aller, emportée dans les bras de Cochise. Je marche difficilement, je me sens partir et j'aimerais bien oublier ce qui vient d'arriver. J'en appelle à l'amnésie pour m'aider à rester encore là, dans ce Paradis de l'intolérance et de la connerie humaine.

Cochise me couche dans mon lit, je me laisse faire, je n'ai plus aucune force. Elle me couvre, je l'entends partir et fermer la porte. Je crois que c'est Kathia qui m'embrasse sur le front, je ne me souviens plus très bien, rapidement le sommeil me gagne, pas de rêves cette nuit, pas de belles histoires, je ne me souviens même plus de la bringue...

Le lendemain, lorsque je me réveille, je reste allongée dans mon lit, je n'ai pas envie de me lever, je veux rester là sans bouger, je ne veux voir personne. Je ne peux plus parler, j'ai comme un nœud dans la gorge et, si j'essaie de le défaire, toutes les larmes vont encore se remettre à couler. Je vais encore me diluer et je n'en peux plus, j'ai peur de me noyer. Je ne parlerai pas aujourd'hui, à personne, je suis en grève d'existence et de parole; je décide, là, maintenant, de rester allongée dans mon lit et enfermée dans ma chambre. Je veux rester avec moi et penser, penser que j'en ai marre de subir les interdits des autres, les conventions, c'est de l'hypocrisie toutes ces conneries. Ils veulent m'enfermer derrière les barreaux des convenances, de ce qu'il est bon de devenir pour être acceptée, reconnue et plaire à la famille, à l'entourage. Et pourquoi devrais-je avoir envie de plaire à ceux qui me mettent et me laissent dans la souffrance? C'est à moi que je veux plaire! C'est vrai que ce serait super si je pouvais leur plaire avec ce que j'ai dans la tête, avec ce que je suis... Mais jamais ça n'existera!

Je me souviens alors des paroles que j'ai criées cette nuit dans le couloir, je devais vraiment avoir les boules pour oser gueuler que j'étais entourée de racistes. De toute façon, c'est la vérité, ils sont tous pareils, ils n'arrêtent pas de s'envoyer à la gueule qu'ils sont des étrangers. En fait, ce qu'ils ne supportent pas, c'est qu'il puisse exister des gens différents d'eux, surtout ceux qui vivent à l'extérieur du Paradis. Ils ont peur d'eux-mêmes, alors des autres... C'est pire, c'est l'angoisse de ce qui n'est pas pareil. Il faut être conforme pour être accepté, puis aimé...

Et moi, alors, où je suis dans tout ça ?

Je ne trouve ma place nulle part. Mais qu'est-ce que je vais faire ? Je suis sûre que la mother et le father m'ont crue possédée par quelques démons de la nuit et n'ont rien compris à ce que j'ai crié hier soir. La folie a souvent bon dos et les rassure. Pour moi ce sont tous les autres les fous, ils sont partout, dehors et ici.

La mother vient à plusieurs reprises me demander de sortir de mon lit ; elle me porte une assiette que je ne touche pas. Elle a peur, elle aussi, de ce que je deviens ou vais devenir. Elle me dit après plusieurs tentatives pour me sortir de la chambre :

– Je ne te comprends pas, Samia !

Puis elle me regarde longuement et ajoute :

– Tu es une fille avec l'esprit d'un homme, ce n'est pas possible autrement. Tu veux vivre comme un homme, mais tu es née fille, Samia !

La mother n'a pas raconté au KGB ce qui s'est passé samedi soir. Quand je l'ai vu arriver j'ai eu peur, peur de passer encore un mauvais quart d'heure. Pendant tout le temps de sa présence, je n'étais pas vraiment à l'aise, mais lorsqu'il est sorti du QG, qu'il est passé près de moi sans me regarder, j'ai compris que la mother n'avait rien dit. Je n'ai jamais été aussi heureuse de l'indifférence de mon frère.

J'ai repris avec joie mes cours. Je travaille à mes révisions pour ramener le « bagage » à la mother, je sais que c'est la seule condition qui me permettra de partit tout l'été faire mes camps. J'ai autant envie que la mother de l'avoir ce CAP, être capable de ramener au moins ça à la maison. Alors je bosse, j'apprends toutes mes leçons.

Le soir, je passe quand même voir Corinne à son troquet. Elle est en fête, cete fille, j'aimerais avoir cette même joie de vivre, d'exister. Quand je suis avec elle, tout me paraît plus simple; elle est comme une pile, souvent c'est elle qui me charge d'énergie, qui me donne envie de continuer à croire que moi aussi je pourrai vivre un jour une belle histoire sans D.D.T.

Il faut vivre avec de belles choses si on veut devenir beau, ou sinon, on devient comme les murs qui nous entourent, aussi crasseux. Corinne, j'ai besoin de la voir, de la sentir, pour me dire et croire qu'il existe autre chose à vivre.

Après la tempête de l'autre soir, le calme est revenu à la maison. Nous avons tous repris nos places et, pour l'instant, ça ne se passe pas encore trop mal. Je me tiens à carreau, maintenant. Naïma et Kathia ont raison quand elles me disent que je peux bien patienter encore deux mois sans sortir le soir, puisqu'après je vais délirer tout l'été comme je voudrai. O.K.! Je deviens une fille sage et disciplinée, pour pouvoir ensuite m'éclater et en profiter un maximum.

Les révisions commencent à se faire lourdes,

j'en ai plein la tête, et j'ai hâte, malgré mes craintes, de voir arriver le jour de l'examen pour enfin me vider l'esprit de toutes ces leçons ingurgitées.

Cette année, je suis la seule en phase d'examen à la maison, alors j'ai une place de privilégiée et délègue mes tâches ménagères à mes sœurs qui râlent, bien sûr, disant que je profite de la situation. Elles n'ont pas tort, d'ailleurs, mais vu que la mother veut porter avec moi le fameux bagage, j'ai presque tous les droits, tous ceux qui me libèrent pour mes révisions.

Je suis dans ma chambre quand Foued entre.

– C'est moi, MLF, reste calme, je viens en ami pour te parler!

– Qu'est-ce que tu veux, mariolle?

– Ah! Je vois que la sister a du répondant aujourd'hui!

Il a gagné, ça fait pas cinq minutes qu'il est dans ma chambre que déjà il m'énerve! Je lui réponds :

– Bon, dis-moi ce que tu as à me dire qu'on en finisse!

– Cool! Cool! Sister MLF, c'est mon secret que je viens te dire, et un secret on ne le dit pas à n'importe qui et n'importe comment!

Il fait une pirouette sur lui-même, pointe son doigt dans ma direction et ajoute :

– O.K.? MLF? Alors installe-toi, ouvre bien tes oreilles et regarde un peu!

Il met sa casquette devant derrière, bat le rythme de ses mains, et se met à danser d'un pied sur l'autre. Il m'épate, le Foued, on croirait voir un kid américain, comme ceux qui sont dans les clips télé.

Après avoir mis le rythme, il me demande de le reprendre en battant des mains pour pouvoir enfin me délivrer son secret. Il démarre :

– Tu es prête, sister MLF ? Dans quelques instants tu vas assister au mégaspectacle du groupe : « Les Man's Beur's » avec leur indispensable Penseur (en se montrant du doigt) qui entre en scène !

Il y est pour de bon le Foued ! J'ai envie de rire mais je me retiens. Il semble tellement y croire et paraît si imprégné du message qu'il va me délivrer, que je me concentre à nouveau sur son rythme. Il me regarde intensément et se met à bouger au rythme de ses phrases.

– Écoute, écoute un peu !
Depuis longtemps j'ai des choses à te dire
Mais sauras-tu m'écouter ?
Écoute, écoute un peu !
C'est aussi ton histoire !
L'histoire de celui qui un jour apprend
Que désormais, il est un BEUR !

Je suis un BEUR !
Mais qu'est-ce qu'un BEUR ?
Qu'est-ce que je suis après ?
Dis-le-moi ! Dis-le-moi !
Hé ! Man ! Je t'intéresse toujours ?
Je t'intéresse encore ?
Alors ! Écoute ! Je n'ai pas fini !

Je vais te dire ce qu'est un BEUR,
Oui je vais te dire, je suis celui qui
Compte pour du beurre depuis toujours
Et pour longtemps encore !

Pourquoi moi ? Man !
Je te demande
Je te répète
Pourquoi moi ? Man !

Tu as raison, il y a eu du changement
Progression même!

Mon père ne comptait pas du tout!
Yes Man!
Moi! Je compte pour du beurre!
Dis-moi! C'est ça l'évolution! Man?

On me fait croire que je suis important
Parce qu'on m'appelle BEUR,
Dans les journaux, à la télé, partout!

Mais pour moi, BEUR égale LEURRE!
Yes Man! Tu as bien entendu
BEUR égale LEURRE!

Écoute, écoute un peu
Je n'ai toujours pas fini
Ils m'ont parqué en me disant:
– C'est en attendant, un jour tu t'en sortiras!

Mais moi maintenant je sais que tout ça
Est mensonge!
Yes! Man! Mensonge!
Leur parole est restée accrochée
Aux fils barbelés qui m'entourent!
Yes! Man!
Je suis coincé et de l'autre côté, je les regarde,
Jes les écoute me raconter mon histoire qui finit mal!

Pourquoi Man?
Pourquoi mon histoire prend la voie sans issue?
BEUR égale LEURRE!
J'en ai marre de me heurter à tous ces murs,
Marre! J'en ai Man!

Et je suis fatigué Man,
Je suis comme tous ceux à qui on a raconté
Une mauvaise histoire!

Ne t'en va pas Man!
J'ai bientôt fini, je veux juste te dire
Que je sois un BEUR
Que je sois un INDIEN
Que je sois un PALESTINIEN
Que je sois un BLACK AMÉRICAIN
Je ne suis qu'un LEURRE!

Yes Man!
Eux seuls sont mes frères
Eux seuls je reconnais
Avec pour même histoire
Celle de LA DÉSINTÉGRATION!

Ça y est Man!
Tu peux y aller maintenant
J'en ai fini de te demander d'écouter!
Salut Man!

Foued s'arrête épuisé, essoufflé, et moi je suis sonnée. Mon petit frère vient de m'épater comme jamais et je reste sans voix; je ne sais plus quoi dire après tant de vérités. Lui, est là, en face de moi, en attente de mon verdict, un peu inquiet tout de même. Alors je me laisse aller.

– Foued! C'était trop génial! Je n'en reviens pas de ce que je viens d'entendre! Tu es vraiment super!

Rassuré, le Foued recommence à faire le coq. Je continue :

– Tu m'as épatée! Tu l'as composé tout seul, ce morceau?

– Ben oui ! Qu'est-ce que tu crois ? dit-il, un rien prétentieux.

Mais je ne relève pas. C'est vrai que c'était super. Je pense exactement comme lui, et puis je suis fière que Foued se mette à composer des chansons. Je suis tout autant excitée que lui, et lui pose toutes les questions qui se bousculent dans ma tête.

– Alors, tu as monté un groupe ?

D'un signe de tête, il me répond par l'affirmative.

– Et qui c'est les autres, je les connais ?

– Ouais, tu les connais tous, au moins de vue, on est cinq en tout !

Je lance à Foued :

– Et tous des beurs je parie ? Et pas une seule nana dans le groupe !

Il me répond :

– Il nous manque plus qu'une meuf avec nous ! Pour le coup qu'elle soit MLF, on n'en a pas fini avec elle ! Non ! Non, à chacun son combat !

– O.K. ! O.K. ! Foued, dis-moi plutôt comment vous faites pour répéter ?

– Tu vois, c'est un peu avec l'aide de cet éducateur que la mother a pris pour une ANPE. Un jour je lui ai parlé qu'avec mes potes on avait envie de monter un groupe, alors il m'a dit : « Pourquoi ? Tu as des choses à dire ? » J'ai failli lui répondre que ces choses j'avais envie de les crier depuis un moment, mais je suis resté cool pour lui montrer que j'étais capable de lui expliquer calmement. Ensuite, il a dit qu'il ferait tout pour nous aider et il a tenu sa promesse. Il s'est débrouillé comme un chef. Le local qui était fermé en bas, on nous l'ouvre pour qu'on puisse répéter. Et tu sais qui c'est qui est chargé à chaque fois de nous ouvrir et de refermer quand on a fini ?

– Non, je ne sais pas...

– C'est Panzani ! Tu te rappelles celui-là ? Je lui en ai fait bouffer des pâtes, hein !

– C'est Panzani, le gardien du local ? Je le crois pas ! C'est à mourir de rire cette histoire !

– Ouais, ouais ! Panzani, tu sais comment il est, depuis qu'il a rajouté une clé à son trousseau il se croit monté en grade ! Et nous, on lui fait croire que vraiment il est important ! Des fois, il reste même pour écouter ce qu'on fait. Je suis sûr qu'il pige que dalle, mais il bat le rythme avec son pied, et de son pouce il nous fait comprendre qu'on est au point !

Je suis écroulée de rire. Foued continue :

– Et sa bouche, Samia, les dents n'ont toujours pas repoussé, je crois qu'il est né comme ça. Enfin bref ! On est devenus des potes, avec Panzani ; peut-être qu'un jour j'écrirai un truc sur lui, parce qu'il vaut le déplacement ! Toujours est-il qu'on a le local et qu'on respecte les heures de répétitions et tout leur tralala... Ils ont peur qu'on s'enferme à l'intérieur et qu'on fasse des conneries. Bonjour la confiance ! Alors, on n'a pas le choix de faire autrement que ce que veulent les HLM. J'ai dit à l'éducateur que ça serait bien si on avait un local en permanence pour nous. Je te raconte pas la déco qu'on y ferait à l'intérieur, que des tags, ça serait trop génial. Mais pour l'instant l'éducateur a dit qu'il fallait se contenter de ce qu'on avait et leur montrer aux autres, petit à petit, qu'on est des gens capables, quoi !

Je réponds à Foued :

– Ça m'énerve, ce genre de réflexions, c'est toujours nous qui devons montrer patte blanche. Faire ses preuves, ils n'ont que ces mots à la bouche! Et qu'est-ce qu'ils nous donnent comme preuve, eux? Qu'ils veulent bien nous aider?

– Justement, sister, ils n'ont pas envie de nous aider, eux! C'est à nous de leur donner envie, de les pousser à croire en nous! On ne va pas être des ombres toute notre vie. Ils seront bien obligés de nous voir, maintenant... Mais si l'éducateur n'était pas là, ils n'en n'auraient rien à foutre de notre parole. Ils l'écoutent plus depuis longtemps, comme nous ne croyons pas la leur!

– Tu as raison, Foued : pour l'instant tu as ton local et c'est le plus important!

En rigolant, j'ajoute :

– Et c'est pour quand le concert?

– Tu peux te marrer! Mais normalement, si l'éducateur assure bien sa partie, bientôt on devrait organiser un mini-concert au Paradis, en plein dans la cité. Mais là, c'est encore une autre histoire, on attend les autorisations! Mais il est bon cet éducateur, il se bouge bien pour nous. Comme nous, il en veut!

Avec Foued on se tape alors la main en signe de joie. Il ajoute :

– Eh oui! Sister MLF, tu vois un peu ce qu'il fait le brother! Il assure pas? Je ne suis pas un bon avec tout ça? Dis un peu?

– Il n'y a rien à dire, Foued, tu es vraiment le meilleur!... Ça te va comme ça? Je t'ai suffisamment passé la brosse, regarde, tu brilles de partout!

– Ça va, ça va! Je repasserai dès que ça ternira de nouveau!

Foued a eu raison d'y croire, nous sommes tous en bas de la cité ce soir pour l'entendre jouer, lui et son groupe. Même la mother et Cochise sont descendues pour voir le fils qui donne son premier spectacle. Toutes les mothers qui ont un fils qui joue ce soir sont là; elles se sont regroupées dans un coin, et attendent de voir apparaître l'enfant prodige.

Comme a dit Foued, l'éducateur a assuré; il paraît que c'est grâce à lui que les « Les Man's Beur's » et tous les autres « Man's » du Paradis peuvent jouer ce soir.

Les « Tagger's Man's » s'y sont mis aussi. Depuis quelques jours, on se croirait presque dans un vrai paradis : il y a des couleurs partout, des arcs-en-ciel sur le bas de chaque tour, avec inscrits dans chaque couleur les noms de tous les groupes qui passent ce soir.

Avec Kathia, on est excitées d'être dehors si tard. Bien sûr, la mother veille sur nous, mais son regard nous paraît si loin... Fabienne est près de nous aussi, Samir est dans le groupe. Samira est revenue de sa fac pour la circonstance. Avec Naïma, elles se tiennent un peu à l'écart, pendant qu'avec Kathia et Fabienne on joue les groupies en folie.

C'est trop super ce genre de fête! Dommage que ce ne soit qu'une fois par an, ça nous rend heureux et nous fait un peu oublier que le reste de l'année c'est le gris qui l'emporte. Je sais aussi que ce soir ça risque de n'être qu'un leurre, que nous n'allons être bien ensemble que quelques heures. Ensuite, chacun retournera à son histoire, misérable ou non, tout dépend de ce qu'on exige de la vie...

Mais ce soir, je veux bien me laisser aller à croire que peut-être tout n'est pas qu'un leurre!

Cette fois, je l'ai vu inscrit, mon nom, sur le tableau d'affichage! Je l'ai eu, ce CAP, et c'est en courant que je rentre à la maison rapporter le « bagage » à la mother. Je suis contente de l'avoir, même si maintenant je sais que je n'en ferai pas ma future profession. Mais, pour une fois que je gagne, que je réussis quelque chose! Même si ce n'est pas un super examen, j'ai réussi à l'avoir pour moi et pour ma mother.

Lorsque j'annonce la nouvelle dans le quartier général, la mother et Cochise poussent des cris de joie. Je ne croyais pas que la mother en serait aussi contente. Je me sens bien, en ce moment, au milieu des miens.

Puis j'appelle madame Sallibert. Elle me répond gentiment qu'il lui semble normal que j'aie réussi à décrocher ce CAP, et que j'aurais pu avoir bien d'autres choses encore s'il n'y avait pas eu tant d'erreurs. Je suis heureuse d'entendre qu'elle a toujours cru en moi.

Je contacte ensuite Marianne à son foyer. Elle aussi me félicite, et me demande où j'en suis de mes recherches pour faire des camps d'été. Je lui dis que j'ai reçu une réponse pour le mois de juillet, et toujours rien pour le mois d'août.

– Tu veux partir les deux mois? me demande-t-elle.

– Ben, tant qu'à faire, si c'est possible, je préférerais. Je ne me vois pas passer l'été au Paradis!

– Écoute, si tu n'as pas encore reçu de réponse, c'est que le mois d'août est cuit! Et puis, qu'est-ce que tu vas dire à tes parents pour pouvoir partir deux mois?

– Je n'en sais rien, je verrai bien, je n'ai même pas encore parlé du mois de juillet... je trouverai bien un plan à raconter! Mais toi, tu n'as pas une adresse?

– J'en ai une, mais il faut que tu les appelles vite, c'est urgent maintenant... Et tu leur dis que c'est moi qui t'envoie, O.K.?

– O.K.! Marianne, je note le numéro, je te tiens au courant, salut!

– À bientôt, Samia!

J'ai tellement peur que je demande à Naïma de composer le numéro de téléphone, de se faire passer pour moi et de demander à parler à la personne qui connaît Marianne. Je tiens l'écouteur à la main, et c'est par lui que j'apprends qu'il n'y a plus de place comme animatrice, mais qu'il en reste si je veux en tant que personnel de service. Naïma me regarde, ne sachant que répondre; d'un signe de tête je lui dis qu'elle peut accepter pour moi. Je n'avais pas prévu de me taper du ménage pendant un mois, mais si c'est ce qu'il faut pour me barrer un mois de plus du Paradis, je suis prête, je suis allée à la bonne école avec la mother comme professeur!

C'est fait : la date de mon départ est connue maintenant par la mother. J'avais tout prévu, tout d'abord que ni le father, ni le KGB ne soit présent, que la mother soit dans un bon jour, et que Cochise ait envie de m'aider. Pour que toutes ces conditions soient réunies, il m'a fallu attendre un moment où nous étions toutes à peu près bien. De bonnes conditions, tout simplement. Je les ai eues deux jours avant le départ. Je n'ai pas cessé d'angoisser, reculant à chaque fois l'instant de l'annoncer à la mother. Mais en fin de compte, sans le vouloir, j'ai bien fait de le dire comme ça au dernier moment, parce que je suis sûre que la mother n'y a pas vraiment cru.

Peut-être qu'elle a pensé que je n'oserais pas m'en aller. Mais là, maintenant, elle est obligée de se rendre à l'évidence. Et ça fait au moins une heure qu'elle est là, derrière moi, à me sermonner qu'il est préférable pour moi de ne pas aller faire ces camps; que d'ailleurs elle n'a averti ni mon father ni le KGB, pensant que j'allais changer d'avis. J'en étais sûre, mais moi, je m'en vais, tout m'est égal. Dans deux heures exactement j'ai rendez-vous devant le bus qui doit nous emmener au camp.

Cochise est dans le salon avec Naïma, Kathia est avec moi dans la chambre pour assister à la scène du départ « non autorisé ». Je n'en ai rien à faire, de l'autorisation, j'ai décidé de m'en passer. Je ferai ce que j'ai dans la tête et celle-ci me dit que j'ai raison de ne pas entendre les paroles de la mother, pour qui toutes les stratégies sont bonnes pour me retenir.

Je remplis ma valise au rythme de ses paroles, c'est-à-dire à toute vitesse. En fait, je jette mes affaires à l'intérieur aussi vite et fort qu'elle me lance ses menaces à la figure. Je me dépêche, je flippe à l'idée de voir apparaître le father ou le KGB. Je sens que Kathia aimerait m'aider à aller plus vite, mais elle n'ose pas devant la mother.

Ça y est, j'y arrive. Je coince la trousse de toilette et ferme la valise. J'attrape mon sac de toile, mon sac à poèmes qui ne me quitte plus et m'apprête à sortir de la chambre. Ma mother se met à crier :

– Samia, si tu t'en vas, tu ne repasseras plus cette porte ! Tu le sais que ton père ne te laissera pas revenir !

Je traverse le salon. Elle me suit en me disant que j'ai le temps de réfléchir, que je peux encore changer d'avis.

Non ! je ne changerai plus d'avis, je ne changerai rien du tout et je sais qu'ils ne me laisseront pas devant la porte si je reviens, car même si je suis coupable à leurs yeux d'être ce que je suis, c'est-à-dire dérangeante, ils n'oseraient pas me laisser dehors sous le regard des voisins. Ils auraient bien trop honte que l'on puisse dire au Paradis que la fille Nalib a mal tourné à cause d'eux.

Je suis devant cette porte ; j'entends la mother qui me dit :

– Samia, il faut que tu restes ! Où vas-tu ainsi, pourquoi tu veux toujours partir ?

J'aimerais pouvoir lui répondre que je vais essayer de trouver, puis de prendre, cette route qui n'a pas de sens interdit, mais elle ne comprendrait pas. Alors je lui dis simplement avant de passer la porte :

– Salut, maman !

*Achevé d'imprimer en juin 1994*
*sur les presses de l'Imprimerie Bussière*
*à Saint-Amand (Cher)*

POCKET - 12, avenue d'Italie - 75627 Paris Cedex 13
Tél. : 44-16-05-00

— N° d'imp. 1658. —
Dépôt légal : juin 1994.

*Imprimé en France*